改訂新版

［買わせる］の心理学

消費者の
心を動かす
デザインの
しくみ67

中村和正

エムディエヌコーポレーション

はじめに

本書を手に取っていただき、ありがとうございます。

この本は 2018 年に発行された本の改訂版となります。発行当初にトレンドには左右されず、長く Web 制作に携わる人の役に立てる本になればと考えて執筆しました。

おかげさまで数多くの方に手に取っていただき、今でも本書を参考にしていますというお声をいただくこともあるので、長く役に立つ本になれたのかと思います。

とはいえ、Web 業界の進歩は早く、この 5 年間で執筆当時には存在しなかったデバイスや Web サービスなども数多く登場し、ユーザーの行動様式も変化しています。

人間の心理という普遍的な部分を扱ってはいますが、よりみなさまに活用いただける本とするためにこの度、改訂版を発行する運びとなりました。

内容はすべて見直し、作例も最新のインターフェイスとギャップがないように大幅に刷新しています。また、ページ数を増加して新たな内容も追加しています。

Web 制作においても新たな技術やアプリケーションなどが登場し、制作環境も大きく変わっていったかと思いますが、どのような Web サイトやサービスでも使うのは「人」です。

そのような人の根源的な欲求や特徴などを知り、そこに最新の技術を掛け合わせてより良いサービスやインターフェイスなどを生み出すことが Web 制作に携わる方のミッションでもあり、楽しくやりがいのある部分でもあると思います。

本書が Web 制作に携わる方々のアイデアを引き出す一助になれば幸いです。

中村和正

Contents

目次

本書の構成

主にユーザーインターフェイスを扱う 1 章と、マーケティングロジックを扱う 2 章の 2 つの章で構成されています。1 節 1 キーワードを採りあげ、キーワードにまつわる心理的な現象とそれに即した Web での取り組みを学びます。紙面構成は以下のようになっています。

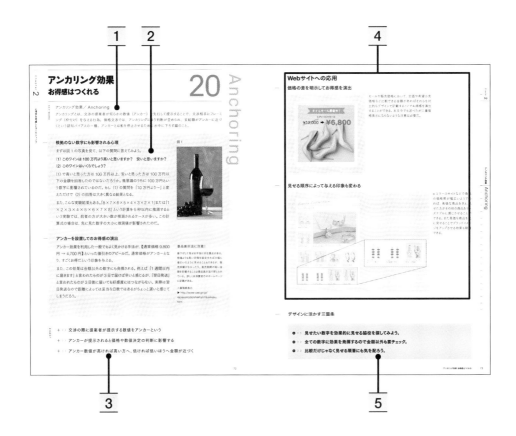

1 | Key Word

心理現象や心理バイアスとして知られるキーワードとその基本解説

2 | 心理解説

心理現象の具体例や Web サイトに活かす方法を解説

3 | Digest

「Key Word」、「心理解説」の内容のおさらいとして 3 つのポイントを挙げています

4 | Web サイトへの応用

心理現象を考慮した Web サイトでのデザイン・Web マーケティングへの活用具体例を紹介します

5 | デザインに活かす三箇条

「Web サイトへの応用」のまとめとして Web サイト・Web サービスのデザイン時のポイントを記載しています

心理学を考慮した
ユーザーインターフェイス

Introduction

人間の視覚と
ユーザーインターフェイス

私たちは、さまざまな経験をもとに Web サイトを構築し、使いやすいものであると同時に目的を確実に達成できる媒体にしたいと常に工夫している。技術的なスタンダードは移ろいやすく、変わりやすいが、昨年流行ったデザインは必ず廃れるような状況の中でも変わらないのが「Web を使う人間」だ。UI をデザインするに当たっては「人」がそれをどのように認識、理解するのかの仕組みを理解しておきたい。

Web UI と認知心理学の関係

めまぐるしく変わるWebの技術と、変わらない人間の感覚

世界で最初の Web サイトは WWW（World Wide Web）の開発者であるティム・バーナーズ＝リー博士によって 1991 年 8 月 6 日に公開された。そこから 30 数年の間に瞬く間に私たちの生活に浸透し、素晴らしい利便性の向上をもたらしたと言える。

しかし、その反面 Web サイトを作るに当たってのルールやセオリーも日々形を変えており、数年前のセオリーが通じないなどということも、日常茶飯事だ。

そのような中、Web 上での UI に関しても認知心理学を用いて考えられることが多くなってきた。Web で使われる知覚は視覚が主であり、人間の認識や情報を処理する仕組みは、とりまく環境の変化などによって結果が異なることはあっても、根本的なところは大きく変わることはない。

つまり、認知心理学を拠り所に Web の UI を考えれば、技術として古びることはあっても根本的に使えなくなるという事態は起こりづらい、また新しい技術が出てきた時にもどのように活用するかの指針となるというわけだ。

本章では視覚を中心に、Web サイトの UI を使いやすく、より分かりやすくするために知っておきたい理論や改善のポイントを紹介していく。

そのイントロダクションとなるこの節では、そもそも人間の視覚はどのようなところが優れて、どのような落とし穴があるだろうのか？　ということについて特徴的な現象をいくつか紹介しよう。

周辺視野と中心視野
人間はWebサイトをどう見ているのか？

目から情報を掴む方法

目の前の一点に絞って見ている状態で、まわりの見える範囲のことを視野という。視野は、さらに周辺視野と中心視野に分けられる。中心視野は視力が高く、細かいものを見られる領域だ。気になった見出し文字を読んでいる時やボタンをクリックしようとしている時には、そこが中心視野になっている。一方、周辺視野の大きな役割は全体像を掴むことにあり、中心を凝視している時にもまわりの様子が掴めるのは周辺視野があるおかげだ。

全体像を認識するための周辺視野

右の2つの図を見比べてみよう。上の「周辺視野」の図は、中央がつぶれて見えないし、図版自体が加工されてぼやけている。そして下の「中心視野」の図は見出しを中心にトリミングしてあり、図版のピントはクッキリしている。しかしまわりの情報が読み取れない。「中心視野」の図は、私たちが普段意識を払ってものを見る時の状態に近いだろう。

2つを見比べて分かるのは、「周辺視野」では肝心の文字が読めないにしても、どのようなサイトで、どこに次のアクションを行えるボタンがありそうかなどの判断ができることだ。「周辺視野」は全体像を認識するのに役立つのだ。また、周辺視野は中心視野に比べて視力は低いが、危険などへの反応速度は早いという特徴がある。

Webサイトでやってはいけないこと

もし、周辺視野に点滅したり動いたりするオブジェクトがあると、人間の意識はそちらに気を取られてしまう。町中を歩いていて危険な動きを察知するのと同じである。例えば、広告やサイドバナーが点滅したり切り替わると人間の注意はそちらに向いてしまう。逆に注目して欲しいものがあるなら、スライドショーなどを使って動きを出すことで、周辺視野に訴えかけることができるだろう。

周辺視野

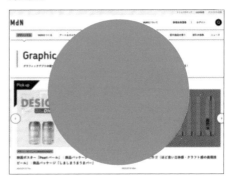

ピントが外れ、注視しているものが見えない状態でも、ある程度の情報を掴むことはできる。

中心視野

注意を払っている情報が見えても、周囲が隠されるとまさに「状況が見えない」状態に陥る。

パターンの認識
人間はパターンを見つけたがる

— **「自由」な形状は脳の負担になる**

人間の視覚から入った情報は、処理されて脳に届き「見えた」という感覚が生まれる。形や色、動きといった視覚は、脳の中にもそれぞれ担当があって、その内容を理解するための判断を下している。形の知覚の中で、二次元的な形については、人は効率よく理解するためにパターンを見出そうとする癖を持っている。これについては本章の「ゲシュタルトの法則」(P.32) でも紹介するが、まずは以下のレイアウトを見比べてほしい。

(A)

日本の歴史

旧石器時代

日本列島において確認されている人類の歴史は、約10万年前までさかのぼる。ただしこれはデニソワ人などの旧人の遺したものと考えられる。現生人類の最初の到来は4〜3.5万年前と考えられている。

縄文時代

縄文時代 (じょうもんじだい) は、年代でいうと今から約1万6,500年前 (紀元前145世紀) から約3,000年前 (紀元前10世紀)、地質年代では更新世末期から完新世にかけて日本列島で発展した時代であり、世界史では中石器時代ないし新石器時代に相当する時代である。

弥生時代

紀元前9世紀頃から3世紀頃までは弥生時代と呼ばれる。時代区分名称は、この時期に特徴的に見られた弥生土器に由来する。弥生時代の開始期に大陸からハプログループO1b2(Y染色体) に属す弥生人が到達した。

(B)

日本の歴史

旧石器時代

日本列島において確認されている人類の歴史は、約10万年前までさかのぼる。ただしこれはデニソワ人などの旧人の遺したものと考えられる。現生人類の最初の到来は4 〜 3.5万年前と考えられている。

縄文時代

縄文時代 (じょうもんじだい) は、年代でいうと今から約1万6,500年前 (紀元前145世紀) から約3,000年前 (紀元前10世紀)、地質年代では更新世末期から完新世にかけて日本列島で発展した時代であり、世界史では中石器時代ないし新石器時代に相当する時代である。

弥生時代　紀元前9世紀頃から3世紀頃までは弥生時代と呼ばれる。時代区分名称は、この時期に特徴的に見られた弥生土器に由来する。弥生時代の開始期に大陸からハプログループO1b2(Y染色体) に属す弥生人が到達した。

同じ文章が並んでいるレイアウトだが、情報の受け取り方は果たして同じだろうか?

書いてある内容は一緒だが、(A) の方が見やすいのは一目瞭然だろう。これは見出しや本文のレイアウトがパターン化されていることから、意味がすぐに認識できるのだ。ところが、まとまりなく見える (B) でもパターンを見出そうとしてしまうため、そこに余分なエネルギーが使われ (B) を理解するためには必要以上のエネルギーが必要となってしまう。

— **Webサイトでやってはいけないこと**

Webサイトのデザインでは、見出しや本文のデザインや文字サイズ、余白、ボタンのデザインなどをルール化し、ユーザーがパターンを理解しやすくすることが重要となる。また、ただルールがあればいいわけではない。人間には使い慣れたものや過去に使ったことがある知識を適用して未知のものの利用に役立てるという能力があるため、自然の現象や既存のルールや道具の動きに反しないルールを考える方がベターなのだ。

視覚の特長
人間の目を引くもの、引かないものは決まっている

― 視野に入っても気付かれないことがある

「ゴリラ実験」と呼ばれる有名な動画がある。これは、数人がバスケットボールをパスしているビデオを見て、パスの回数を答えるようにテストを実施した際、動画の中を通り過ぎた着ぐるみのゴリラに多くの人が気づかなかったという実験に使われた動画だ。このことから、人間は何かに注目していると視野の中で起こる他の出来事（特に想定外のこと）を見落としやすいことが実証されている。

中盤で着ぐるみのゴリラが出てきたことに、多くの人が気づけなかった「ゴリラ実験」。

「selective attention test」
▶ https://www.youtube.com/watch?time_continue=27&v=vJG698U2Mvo

― やる気がないか気付かなかったかの判断に注意を

例えばニュースサイトで会員登録のバナーを掲載しても、多くのユーザーはニュースに目が行き見落としてしまう。ところがアイトラッキングやヒートマップで分析すると「見たのに会員登録をしなかった」ように見えてしまう。しかし実際には意思の問題ではなく、「見ても見えなかった」可能性が高いので、改善施策を取る際には注意が必要だ。

― 人の顔は特別

人混みの中から知り合いを見つけたり、初めて会う人でも顔から性格や感情を察知したりできるなど、人は、人間の顔に対しては他のものよりも認識の優先度が高い。実際に、脳には紡錘状顔領域と言われる顔の認知に特化した領域があり、生後2ヶ月頃から人の顔とそうでないものの区別をはじめる。

Webサイトであっても、ふと開いたページでもサムネイルでも、人の顔があれば、人間は自然と顔に目が行くのだ。さらには、その写真の人の視線を使ってユーザーを誘導することさえできるのである。

男性が視線をずらしている写真の場合。見る側も男性の視線の先に目がいく。

― 認知心理を知ることで、より良いUIに役立てる

このように、人がどのように見たものをどう認識するのか、そして記憶するのかといった研究は、認知心理学を中心に多く研究されている。経験則で何となくやっていたことが当てはまる人も多いだろうが、理屈を知ってUIのデザインに役立てれば、応用の幅も広がるだろう。

見透かしたような表情をして正面を見つめている女性。見る側も、まず女性の表情に目がいく。

デバイスの多様化
時代と共に変わるユーザーインターフェイス

スマートフォンの誕生と普及

ほんの 10 数年前は Web サイトとはパソコンで見るもの
で、マウスとキーボードでの操作を考慮していれば良かっ
たが、現代ではさまざまなデバイスが登場し、タッチパネル
や音声入力など入力形式も多様化している。世界初のス
マートフォンと言われる IBM Simon は 1992 年に誕生
しているが、初代 iPhone の発売はそこから 15 年後の
2007 年。その翌年に Android が発売し、瞬く間に普及
していったのはみなさんの知るところだ。

IBM Simon Personal Communicator
▶ https://ja.wikipedia.org/wiki/IBM_Simon

現在では携帯電話の所有者のうちスマートフォン比率が 96.3％となり、スマートフォンでインターネット
を閲覧することは日常になっているだろう。

図1　ケータイ・スマートフォン所有者のうちのスマートフォン比率

［調査対象：全国・15 ～ 79 歳男女］

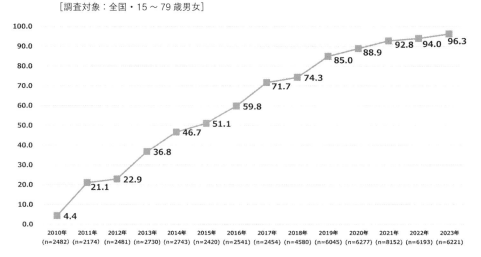

▶ https://www.moba-ken.jp/project/mobile/20230410.html

さまざまな企業のアクセス分析を行っていても、数年前からモバイル端末での閲覧は増加し、現在では
大半の Web サイトでモバイルでの閲覧率の方が多くなっている。若年層や女性をターゲットとしたサー
ビスでは 95% 以上がモバイルでの閲覧という Web サイトもある。

Web 制作の現場でもモバイルファーストの思考も広まってきており、モバイル端末でのユーザーインター
フェイスをおざなりにすることは許されない。

— **モバイル環境でのUI/UX**

人間の認知心理として根源的に変わらない部分はあるが、マウスやキーボードではなくタッチパネルでの操作や音声入力など、新たな操作方法がメインとなるモバイルデバイスでの使いやすさを向上させていくことは、UI に携わる人たちにとっては重要なミッションとなる。

モバイルデバイスでの UI/UX においては、以下についての考慮が重要となる。

・**通信環境**

5G の登場などにより年々高速化されてはいるが、データ容量の制限された契約下での利用や通信環境の整っていないユーザーも少なくないので表示や動作速度を考慮する必要がある。

また、海外などを対象にしたサービスであればその地域のネット環境の考慮もしなくてはならない。

・**画面サイズ**

スマートフォンの画面は拡大傾向にあるが、PC のディプレイに比べれば小さいので、限られたエリアでどのように情報設計を行っていくかが重要になる。

・**操作形式**

基本的にはタッチパネルとなるので、タップやスワイプなどでの操作を前提とした UI の設計が必要となる。また最近では音声入力を利用するユーザーも増えてきている。

— **UIデザイナーが考えるべきこと**

近年ではスマートフォンが大きく普及したが、将来的には今は想像できないようなデバイスの登場もあり得る。VR ゴーグルでの閲覧やジェスチャーでの操作などが一般化したら、今までは視覚をメインに考慮していたものを、その他の体感覚も考慮した UX 設計が必要になってくる可能性もある。

ただ言えることは、どこまで行っても使うのは人間であるということだ。根源的な欲求や認知心理観点での特徴などは大きく変わらないだろう。なので重要なことは本書で紹介している UI も手段として丸暗記するのではなく、なぜその UI/UX が効果的なのか、人の心を動かせるのか、というところを理解することだ。そうすることで、デバイスやアウトプットの形が変わったとしても応用して活かし続けることができる知識となるだろう。

体感時間をコントロールする
時間を制すればビジネスも成功する

01

KEY WORD

ジャネの法則／ Janet's law

「主観的に記憶される年月の長さは年少者にはより長く、年長者にはより短く感じられる」という現象を、フランスの心理学者 Pierre Janet（ピエール・ジャネ）が心理学的に説明した法則。発案者は叔父の哲学者 Paul Alexandre René Janet（ポール・ジャネ）。

年齢を重ねるほど1年が早く感じる？

歳をとるほど1年が短く感じるという話はよく聞く。実際に自身でそう感じている人もいるだろう。

これについては「ジャネの法則」というものがあり、「主観的に記憶される年月の長さは年少者にはより長く、年長者にはより短く評価される」とフランスの心理学者、ピエール・ジャネの著書において紹介されている。

もちろん何歳になろうが1年は365日だし、1日は24時間だ。だが、50年生きた人にとって1年の長さは人生の50分の1で、5年しか生きていない子供にとっては5分の1に相当するので歳を重ねると1年を相対的に短く感じるようになるという。また「一日千秋の思い」という言葉もあるように年齢だけでなく、シチュエーションによっても時間の感じ方は変わる。UIやUXを構築する上ではこの体感時間を意識することが重要となる。

Webページの読み込み速度

Webサイトにおいてページの読み込み速度（ページをリクエストして表示されるまでの時間）は重要とされている。実際に表示速度が遅くなることによってユーザーの離脱率の増加、コンバージョン率の低下が起きるというデータもある。

また、2018年にはGoogleがページの読み込み速度を検索結果のランキング要素にすると公式にも発表しているので、ページの読み込みが遅いとSEO的にも不利になる。

PageSpeed Insights

ドキュメント

ウェブページのURLを入力

分析

有効なURLを入力してください

あらゆるデバイスでウェブページの読み込み時間を短くしましょう

詳細をチェック
最新ニュース
ドキュメント
ウェブパフォーマンスについて

PageSpeed Insights

▶ https://pagespeed.web.dev/?hl=ja

Googleが提供しているサービスでページの評価で点数として表示され、改善すべき点もレポートされる。

応答性を意識する

パフォーマンスを上げてページの読み込み速度やシステムの処理速度を上げることはもちろん重要だが、同等に応答性を考慮するべきである。応答性とはユーザーに適切なアクションを返すことで待つことへのストレスを軽減したり、体感時間を短くしたりすることができる。

例えば、結果的に受信したタイミングが同じだとしても、いつ来るか分からないメールの返信を待つのと、〇日に返信しますと予告されている場合では体感時間は異なる。人はストレスを感じていると時間を長く感じるため、前者の方がメールが来ないことへのストレスが高まる。場合によってはストレスが高まりすぎて、「もう返信は結構です」となってしまう場合もあり得る。

つまり日常においても素早く返事をする。対応まで時間がかかる場合はまず期限を明示することが重要なのだが、これは UI においても同様だ。

人はどのくらい待てるのか

人の反応速度は内容によって 1000 ミリ秒から数秒と幅がある。例えば会話が途切れたと感じる間の最大値は 1 秒。つまり話しかけて 1 秒以内に応答がないと「返事がない」「聞いてない?」と感じるのだ。

またキーボードで文字を打っている時はキータッチと同時に打った文字が表示されている感覚だと思うが、ここに 0.1 秒のタイムラグがあると「キーボードの反応が悪いな」と感じてしまう。他にはフォーム入力などの単一のタスクに集中できる限界は 30 秒といった具合に基準となる時間がある。

もちろんそのような短時間で終わらない処理もあるので、その際に重要なのが「応答性」となる。例えば大容量データのダウンロードであれば数十秒〜数分かかる場合もある。だがダウンロード完了まで何も変化がないとちゃんとリクエストできたのか、正しく処理がされているのかと思ってしまう。なのでダウンロード自体に時間はかかっても「ダウンロードを開始しました」という応答を即座に出すことが重要となる。

単一のタスク

単一のタスクとはフォーム全体ではなく、名前を入力。メールアドレスを入力といった粒度を指す。

プログレスバーの表示

応答性を高めるためのプログレスバーには、表示方法にいくつかのポイントがある（P.20 参照）。

+ 〉〉 歳を重ねたら 1 年を短く感じるように人は時間を相対的に感じる

+ 〉〉 Web ページにおいて読み込み速度は重要な要素となる

+ 〉〉 人間が待てる時間は内容によってはミリ秒単位なので、応答性が重要となる

Webサイトへの応用

プログレスバーの表示

以下がポイントとなる。

- リクエストの処理が開始したことを即座に通知する

- 全体に対する進捗を可視化する

- 残り時間を表示する

- キャンセルできるようにする

- 1% から開始する（0% で待たされると動いていないと感じるため）

- 100% は一瞬表示して終わる（100% で待たされると不正に停止したと感じるため）

解像度より表示を優先する

写真や動画をメインコンテンツにしている場合は、何も表示されないことは最も避けたいことだ。

まずは低解像度でも表示をすることでリクエストしたコンテンツが表示されようとしていることが分かるので体感時間が短くなる。

タスクを分割する

入力項目の多いフォームへの入力は果てしない作業に感じてしまうので、適切な粒度のタスクに分割し進捗度を見せていくことで体感での作業時間を短く感じられるようになる。

タスクの完了を明示

お問い合わせフォームなどで、完了した旨を表示して消えてしまうものもあるが、完了確認はユーザー自身の手に委ねるべきである。また、次のアクションや目安の期限をアナウンスすることでユーザーを待たせるストレスを軽減することができる。

デザインに活かす三箇条

- ◉ 〉〉 **ページの読み込み速度を意識して画像での装飾は必要最小限にする。**
- ◉ 〉〉 **ユーザーのアクションには即座に応答する。**
- ◉ 〉〉 **インターフェイスでもお客様を待たせない「おもてなし」を意識する。**

視線解析
視線に隠された心理からUIを考える

02

Gaze Analysis

KEY WORD

視線解析／Gaze Analysis
NLP（神経言語プログラミング）の研究によって視線から心理状態を読み取れるというもの。視覚的に情景を思い浮かべている時は上、過去の出来事に意識を向けている時は左といった具合にその時に心理が視線に現れる。

嘘をつく時に人は右の方を見てしまう。その真偽は？

「目は口ほどにモノを言う」ということわざがあるように、目は脳から繋がっている器官の中で唯一露出している器官であり、心理状態が現れやすい部分であると言われている。目の動きから心理状態を読み取ろうという「視線解析」という研究がされており、人の目線と意識には図1のような特徴があるとされる。

つまり、「きのうの夜なにをしていたの？」と聞かれた時に本当のことを話す場合は、過去の情景を思い出しながら話すために左上に意識がいく。ところが嘘をつこうとすると頭の中で嘘の情報を新たに作っている状態なため、意識が右上にいく。これが「嘘をつく時に人は右の方を見てしまう」と言われる所以だ。

今回はこれをユーザビリティの向上に活用したいので、時の流れに注目してみたいと思う。図1を見ると過去（記憶）は左、未来（創造）は右に意識が向くというのが分かるのではないだろうか。

Webページを遷移する際には画面はブラウザに読み込まれるだけなので右にスクロールするわけではないが、進む時は右に、戻る時は左に進むという感覚がないだろうか。実際にブラウザについている閲覧履歴を遷移するボタンは［←］が1つ前に見ていたページに戻る、［→］が進むで、スマートフォンであれば左から右にスワイプが戻るとなっており、感覚的な違和感はないだろう。

ユーザーの視線の動きを知るには

「アイトラッキング」という技術で、専用の装置を利用することでユーザーの目線の動きや留まっていた時間を計測して可視化することが可能だ。近年では安価な機器やスマホやタブレットに対応したものも登場し利用しやすくなっている。

図1

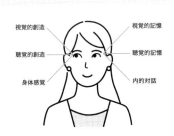

視覚的創造 / 視覚的記憶
聴覚的創造 / 聴覚的記憶
身体感覚 / 内的対話

＋ 〉〉 視線と心理状態は関係し合っている

＋ 〉〉 視線が左の時は過去を、右の時は未来を思い浮かべている

＋ 〉〉 時間を流れを意識すると自然なユーザーインターフェイスを作成することが可能

Webサイトへの応用

アクションボタンの適切な配置

Case 1

Case 2

フォームなどの遷移では「進む」は右に配置するのが適切だろう。ユーザーは感覚的に操作するので Case 1 の配置だと次のステップに進むつもりで、「戻る」ボタンを押してしまうという可能性も高い。

カルーセルの動作

カルーセルになったヒーローイメージ（Web ページ上の目に入りやすい部分に配置した画像）を移動するための左右の ［＜］［＞］ ボタン。［＜］を押した時には左から画像が戻ってくる、［＞］は右の画像に進むが自然だろう。逆の動作をするとユーザーは時系列を見失う可能性がある。

デザインに活かす三箇条

- ⊙ ›› **アクションボタンは「進む」を表わすものを右に配置する。**
- ⊙ ›› **カルーセルなど動作があるものは右に進むように。**
- ⊙ ›› **時間の流れを表わす時は左から右になるように設計する。**

クレショフ効果
画像の連携プレーで生まれるストーリー

03

クレショフ効果／ Kuleshov Effect

ソビエト連邦の映画作家・映画理論家のレフ・クレショフが実験により示した認知バイアスでひとつの映像が、映画的にモンタージュ（編集）されることによって、その前後に位置する他の映像の意味に対して及ぼす、性質のことをいう。

前後の情報で変わる印象

まずは図1の画像を見て欲しい。

これがクレショフによる実験の内容で、全く同じ表情をした男性なのに、この時の男性はどのような感情かをアンケートしたところ、1は「空腹」、2は「悲しみ」、3は「欲望」となった。これは、一緒に見た画像が影響を及ぼし全く同じ表情の男性の感情を違うものと感じさせたということになる。

イメージの力を借りてブランディング効果を向上

ある化粧品のポスターがあったとしよう。1枚は50代で透明感のある女性、もう1枚は20代の派手めの女性が背景にあったとしたら、同じパッケージでも前者はアンチエイジング効果の高い商品、後者はリーズナブルで若者でも手を出しやすい商品という印象を持つだろう。もちろん商品名やパッケージなどで商品の特徴を伝えるということも可能だが、写真の持つ力はそれを打ち消す程に強い。

クレショフ効果を具体的に活用するなら、写真を活用して商品イメージにぴったりなストーリーを創出することだ。人の写真を使えば近い年代・同じ性別の人に親近感を抱かせ、シチュエーションの写真を使えば商品の利用シーンを想起させることができる。

レフ・クレショフの代表作

クレショフ効果で知られる同氏だが、映画監督の他、脚本家、俳優などとしても活躍。代表作は革命直後のソ連を舞台にした『ボリシェヴィキの国におけるウェスト氏の異常な冒険』。これは世界中で公開された。

図1

(1)

(2)

(3)

+ 〉〉 **イメージの組み合わせ方次第で、印象を変えることができる**

+ 〉〉 **その結果、同じ顔をした人の写真でも、その感情が異なって受け止められることがある**

+ 〉〉 **写真やビジュアルとの組み合わせ次第で、商品やブランドのイメージは変えられる**

Webサイトへの応用

―― 「人のイメージ」を使ってターゲットを明確にする

Case 1

Case 2

商品は一緒だがその特徴は全く異なるものに見えるだろう。想定ターゲットに近いモデルを起用することで購入して欲しい層に身近な商品と感じてもらうことができる。ただし対象年齢が幅広い場合には必要以上に限定してしまうことにもなるので気をつけたい。

―― ストーリーを創出してイメージを伝える

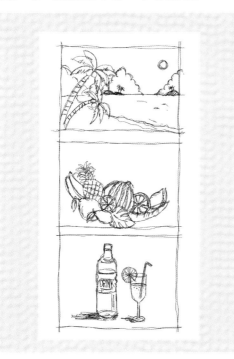

絵コンテにならって、複数のイメージを組み合わせ、ストーリーを創出してみよう。紙媒体と違って複数枚の写真を切り替えて見せることのできるWebサイト向けの手法だ。実際の商品が登場するのは3枚目だがイメージを展開することで真夏にピッタリな柑橘系のドリンクというイメージが伝わる。

―― デザインに活かす三箇条

- ◎ ›› **イメージの組み合わせで伝えたいメッセージを強調しよう。**
- ◎ ›› **人を使う時はターゲットの幅に注意。**
- ◎ ›› **複数枚を展開してストーリーを作ることも効果的。**

アフォーダンス
あなたはなぜその取っ手を回すのか

アフォーダンス／ Affordance

アメリカの知覚心理学者ジェームズ・J・ギブソンによる造語で、環境が動物に対して与える「意味」のこと。それをドナルド・ノーマンがデザインの認知心理学的研究の中で、モノに備わった、ヒトが知覚できる「行為の可能性」という意味で用いた。

実は日常の中に溢れているアフォーダンス

あなたはドアについた取っ手を見つけたらどうするだろうか。それを回して押して（または引いて）ドアを開けるだろう。しかし、どこにもドアの開け方の説明などは書いていなかったはずだ。

これは今までの経験で、ドアについている取っ手は回転させてドアを開けるものだという記憶があったことで、特に説明がなくてもそのような動作が想起されたのである。これが取っ手ではなく、指を引っ掛けるくぼみがあったなら横にスライドさせてドアを開けたに違いない。このようにモノの形状が経験したことのある行為を引き出すことが「アフォーダンス」である。

リモコンについた右向きの三角があれば「再生」だと思うだろう。さらにはナイフやフォークがあれば当然のように持ち手側を持つ。これが初めて見る形状の道具ならば、持ち方すら分からない可能性が高い。

Web サイトでのアフォーダンスの活用方法

インターネットの歴史はまだまだ浅いので Web のアフォーダンスは確立されていない部分も多いが、青色の文字に下線がついていればリンク、奥行きのある長方形はテキストが入力できる「フォーム」であるという風に人は認識するだろう。また、陰影によって立体感のあるボタンを表現し、押させようとしているオブジェクトもある。これは日常のアフォーダンスを Web 上に利用したものだ。このようなところで独自のルールを持たせても、ユーザビリティ的にはあまりメリットがない。そのため分かりやすい UI を作るためには Web や日常でのアフォーダンスを利用することが大事であり、迷った時は Amazon や Yahoo! といった多くの人が利用する Web サイトを参考にするとよいだろう。

ノーマンの誤用

ギブソンの提唱したアフォーダンスとは動物と物の間に存在する行為についてその可能性の有無であり、形状などでその行為が認識できることではない。この誤用はドナルド・ノーマン自身も認めており後に「自分の著書において使用されているアフォーダンスという語については、本来のアフォーダンスではなく、知覚されたアフォーダンスと読むべきである」という旨のコメントをしている。

＋ 〉〉 **モノやインターフェイスのデザインは、形状そのものが操作方法の情報を与えている**

＋ 〉〉 **取っ手やボタンといった見慣れた形状は操作方法を瞬間的に伝えることができる**

＋ 〉〉 **Web 上で見慣れた UI を利用することでユーザビリティが向上する**

Webサイトへの応用

― Web上で確立されているアフォーダンス

テキストリンクやフォーム要素などはすでにアフォーダンスとして多くのユーザーに認識されている。デザイン的に青文字にしたくない場合もあるだろうがその場合は下線は残すなど、ユーザーが認知している形状からあまり逸脱しないことが重要だ。

― タッチデバイスで確立されているアフォーダンス

左にスワイプで次を表示／取り下げ／メニュー表示など、PC にはないスマホのアフォーダンスが定着している

タッチデバイスの登場によってマウスやカーソルによる移動、クリックやキーボードによる入力だけだったブラウジングにさまざまなアクションが増えた。新たなアクションで想起される動作については iOS や Android の端末自体の挙動を踏まえて設計するのがいいだろう。

― アフォーダンスを裏切るメリット

アフォーダンスを裏切ることによって得られるメリットがひとつだけある。それは期待を裏切ることによる驚きや感動の演出である。手品師が帽子から鳩を出して驚きを与えられるのは、アフォーダンスによって帽子の中に何十羽も鳩が入るわけないと分かっているからだ。エンタメ色の強い Web サイトであれば「クリックしたら違うところが反応する」「操作と逆方向にスクロールする」など本来であればユーザビリティを損なう挙動でもユーザーを楽しませる要素となりうる。

― デザインに活かす三箇条

- ◉ 〉〉 **みんなの当たり前を大事に。個性的なアクションボタンはいらない。**
- ◉ 〉〉 **ユーザーが使い方を認識している形状を理解し逸脱しない。**
- ◉ 〉〉 **時にはアフォーダンスを裏切ることで驚きを与えることも考えよう。**

マジカルナンバー
人が覚えていられる情報の数は4±1

05

マジカルナンバー／ Magical Number

マジカルナンバーとはアメリカの心理学者ジョージ・ミラーが発表した人間の短期記憶容量の限界で、7 ± 2 個のチャンクと発表された。しかし 2001 年にネルソン・コーワンにより短期記憶の容量限界は 4 ± 1 個のチャンクと発表され、現在では定説となっている。

短期記憶で覚えていられる情報はたった 3 〜 5 個

短期記憶とは人が瞬間的に覚えておける記憶のことで、15~30 秒程度の短い時間だけ保持される記憶だ。その際まとめて覚えていられる数字や言葉は 3 〜 5 個程度とされている。例えば、『本日のランチはカレーライス・ラーメン・スパゲティ・ハンバーグ・カツ丼から選べます』と言われたら大概は覚えていられるが、もし 10 個もメニューを羅列されたら、多くの人は何を言われたか覚えていられない。これが短期記憶の限界というわけだが、これは情報を整理する上でかなり重要になる。

例えば Web サイトのナビゲーションに 10 も 20 も項目を並べては、サイトの全体像を把握するのは難しい。その場合は 3 〜 5 程度の固まりに整理する必要がある。ここではチャンクという概念が重要となる。チャンクとは知覚する情報のまとまりのことで、情報の粒度で調整ができる。

携帯番号を例にとると「06012349876」は1つのチャンクだが 11 個の数字で構成されているため、それ自体、覚えるのが困難だ。これを「060-1234-9876」とすると 3 つのチャンクになり、各チャンクは 3 〜 4 個の数字となるので、記憶にも留めやすくなる。

数を絞らないでいい場合とは？

中には、マジカルナンバーで項目数を整理しない方がいいケースもある。Web サイトではブランド一覧やコンテンツ一覧がこれに当たる。ユーザーにとって重要なのは、目的のブランドやコンテンツを見つけられることなので、そこに数百のリンクが羅列されようとも、ABC 順・カテゴリー別などでユーザーが目的に辿りつけることが重要となる。

「マジカルナンバーは 7 ± 2」は間違いだった？

以前は人間が短期記憶できる数は「7 ± 2」として知られていた。これはジョージ・ミラーが発表した論文によるのだが、実際の論文では「最後に、マジックナンバー 7 っていうのはどうだろうか？（中略）今のところ、判断はやめておこう」として断言はされていなかったのだ。

+ ›› 人が短期記憶で覚えられる情報は 3 〜 5 個、それ以上は保持できない人が大半

+ ›› 情報を提示する時はマジカルナンバーを意識して数を絞ると、選びやすくなる

+ ›› チャンクを作ることで情報は記憶しやすくなる

Webサイトへの応用

— グローバルナビゲーションの設計に欠かせない「マジカルナンバー」の活用

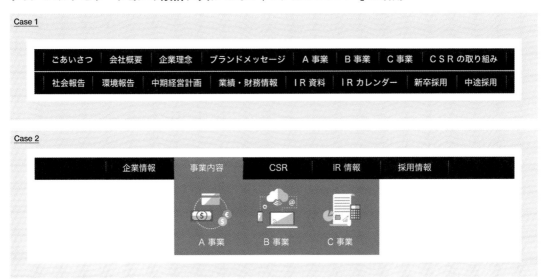

Case 1

| ごあいさつ | 会社概要 | 企業理念 | ブランドメッセージ | A事業 | B事業 | C事業 | CSRの取り組み |
| 社会報告 | 環境報告 | 中期経営計画 | 業績・財務情報 | IR資料 | IRカレンダー | 新卒採用 | 中途採用 |

Case 2

| 企業情報 | 事業内容 | CSR | IR情報 | 採用情報 |

A事業　　B事業　　C事業

[Case 1]のようにすべてをナビゲーションに並べてはユーザーは混乱してしまうだろう。[Case 2]のように1段階上のチャンク(カテゴリー)を設けることでマジカルナンバー内で情報の整理ができた。

— マジカルナンバーを考慮しなくていい「コンテンツ一覧」

ショップ名から探す

ア カ サ タ ナ ハ マ ヤ ラ ワ

ア行

👗 アイ・オー・ケー	👗 アイコ
🧴 あかねコスメティクス	✏️ 石田文具店
☕ イリー・イリー	☕ インカ珈琲
🍲 イン・ザ・キッチン	🛋️ イン・ザ・ルーム
👗 インパクト	🧤 恵比寿雑貨
👗 エリス	🧴 エンドガール

この例のように、多くの情報を提示して、ユーザーが目的の情報を見つけられることが重要な場合は、マジカルナンバーで整理する必要はない。ただしユーザーニーズを考慮した道標が必要だ。

— デザインに活かす三箇条

- ◉ 〉〉 **まずはマジカルナンバーにおさめた情報整理を。**
- ◉ 〉〉 **マジカルナンバーで整理すべき情報かの判断も重要。**
- ◉ 〉〉 **ナビゲーション以外でも情報の数・まとまりを意識してデザインするとよい。**

段階的開示
クリック数は少ないほどいい?

段階的開示／ Motivational Design

アメリカの教育工学者ジョン・M・ケラーが提唱した「ARCS」と呼ばれる動機付けモデルの一環。学習者にはその時に必要としている情報のみを提供する方がいいとされる。例えば法律に興味を持った人にいきなり六法全書を読ませるようなことはさせず、身近な事柄から順に教えていく方がよいといったこと。

クリック数は少なくの時代は終わった?

「Webサイトは目的完了までのクリック回数は少ないほどよい」とインターネットが普及した頃からよく言われてきたが、果たしてそうなのだろうか?

例えば、何かの契約をしようとした際にA3用紙いっぱいに記入項目のある申込書と、順番に聞かれる2択の質問に50個答えるとしたら、どちらがいいだろうか。面倒くささは感じるものの後者の方が心理的な負担は少ないだろう。これは人が1度に処理できる情報量は限られており、同時に多くの情報処理を求められることがストレスになるためだ。そしてこの時に肉体的な負荷であるクリック数はあまり気にならない。

タイミングとバランスが重要

段階的表示は分け方と提示するタイミングも重要となる。例えば通販サイトで次のような操作の流れがあったとする。

［名前を入力］－［登録］→［住所を入力］－［登録］→［支払い方法を選択］－［登録］→ ……

これでは肉体的な負荷の方が勝るだろう。この場合は「名前」や「住所」など個人に関する入力を提示したあと、「支払方法」や「配送方法」など購入に関する入力、といった具合に2段階に分けるのが適切といえる。

また、選択を促すタイミングも重要だ。カートに商品を入れるタイミングに配送方法を聞かれても判断しづらいし、購入しなければ無駄な行為になるという懸念もある。このように段階的開示をする際には情報の分け方、開示する順番と選択を促すタイミングを最適にすることが必須だ。

ARCS（アークス）とは?

学習者の動機付けモデル。やる気を引き出すための4つの要素「Attention（注意喚起）」「Relevance（関連性）」「Confidence（自信）」「Satisfaction（満足）」の頭文字を取って名付けている。

EFOとは?

EFOとは「entry form optimization」の略で、「エントリーフォームの最適化」を指し、ユーザーの入力ストレスを軽減し、より短時間で正確に入力し途中で離脱しないようフォームを改善すること。EFOツールとは「離脱率」を下げるためのフォームの離脱ポイントを見つけ、改善するためのツールのことである。

＋ ›› 最初からすべての情報を与えると量が多すぎてユーザーのストレスになる

＋ ›› 判断の明確なクリックは、回数が増えてもユーザーにとってストレスは低い

＋ ›› 段階的開示に沿った設計であれば、クリック数は多くなっても構わない

Webサイトへの応用

— **フォームの分割で、「やるべき作業」を絞り、ゴールを明快にする**

商品購入や会員登録などさまざまなフォームがあるが、まずは取りたい情報をグループ分けして段階を分けてみよう。左の例は3つのステップに情報の入力を段階的にグループ分けしている。実際にユーザーが快適に使えているかはEFOツールなどを導入して検証するといいだろう。

口座開設お申し込みフォーム

STEP1	STEP2	STEP3
規約への同意	基本情報のご入力	支払い・配送先のご入力

STEP2 基本情報のご入力

お名前	姓		名	
お名前（カナ）	セイ		メイ	
会社名				
部署名				
メールアドレス				

— **利用者の立場で入口を分ける**

エムディエヌ大学
MdN University

▶ 受験生の方へ　▶ 在学生の方へ　▶ 保護者の方へ　▶ 卒業生の方へ

ステークホルダーが異なる場合は、自分の立場を選ぶような選択肢を挟むといいだろう。すべての情報の中から自分に必要なものだけを探すといったストレスから解放される。

— **デザインに活かす三箇条**

- ◉ 〉〉 **項目の多いフォームは段階的に分割を検討してみよう。**
- ◉ 〉〉 **クリック数より心理的なストレスを減らすことが重要。**
- ◉ 〉〉 **適切なタイミングで適切な情報を提供できるように工夫することが大切。**

ゲシュタルトの法則
集中するほど分からなくなる認知の不思議

KEY WORD

ゲシュタルトの法則／Gestalt laws of grouping

ゲシュタルト心理学者たちの実験を通じて発見したもので、人間がものを認識する際、形状の並び方やパターンで理解することを7つの法則としてまとめられたもの。「ゲシュタルトのグルーピングの法則」、あるいは「グルーピングの法則」と呼ばれたりもする。

壺か？ 人の横顔か？ 最も有名なだまし絵の秘密

図1の絵は何に見えるだろうか？

図1

壺か向かい合った二人の顔に見えたはずだ。そして壺だと思った人も向き合った顔だと言われると、そうとも見えるだろう。そして顔に見えている時には壺には見えなくなる。これは人間がものをパーツで見るのではなく、全体の枠組みを最初に見て、全体として把握しようとする特性によるものだ。

逆に知っているはずの同じ漢字や平仮名などを何度も書いていると、このような字で合っていたかという感覚になることがあるが、これはゲシュタルト崩壊と言われ、部分に意識を向けすぎて全体把握を見失ったことにより起こる。

ゲシュタルト心理学には7法則と言われるものがあるが、デザインをするにあたって非常に重要なので、以下に解説していこう。

ルビンの壺（Rubin's vase）

1915年頃にデンマークの心理学者エドガー・ルビンが考案しただまし絵の一種（図1）。ルビンが著した『視覚的図形』の中で、一方が「図」として知覚されると、残りは地としてしか認識されないことを解説した。

DIGEST

＋ 〉〉 人間は、パターンを見つけてものを認識しようとする傾向がある

＋ 〉〉 見えない部分も補完して形状を認識しようとする

＋ 〉〉 部分に意識を向けすぎて全体把握を見失った状態をゲシュタルト崩壊と呼ぶ

Webサイトへの応用

— 法則1：近接

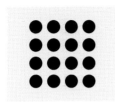 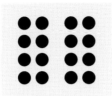

距離が近いもの同士は同じグループだと考えられる。左の●は16個の集合したグループ、右は8個の●×2グループに見える。

Case 1

Case 2

「近接」の活用例。Case 1では情報の関係性が掴みづらく、いまひとつ情報が読み取りづらい。しかしCase 2のように関連する情報を近づけてまとめることで、囲み罫や色分けなど過剰な方法で括らなくても情報をひと目で把握しやすくなっている。

— 法則2：類同

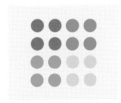

同じ色、形、構成の似ているもの同士が同じグループだと認識されやすい。左図は同じ大きさの円だが色の違いで4つのグループが認識できる。

Case 1

Case 2

「類同」の活用例。Case 1のようなバラバラなイメージや形状では、情報のヒエラルキーが理解できないが、Case 2のように統一した形状で構成すれば、並列な情報ということがひと目で分かる。

法則3：連続

人は物を見る時に連続性を見出そうとする傾向がある。左図であれば、4つの長方形ではなく、交差する2色の線と捉えただろう。

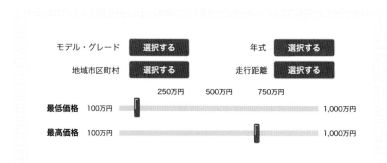

「連続」の活用例は、スライダーUIに見られる。図のような場合、「直線 - 長方形（スライドボタン）- 直線」のように線を二分割された状態で認識することはないはずだ。さらにアフォーダンス（P.26）も後押しになり、この直線上を左右に移動させればいいと直感的に認識できる。

法則4：閉合

図形などの欠けた分を補完して閉じた形を見出す傾向。左図は括弧が均等に並んでいるだけだが、上段は閉合の影響で2つの長方形があるように認識される。

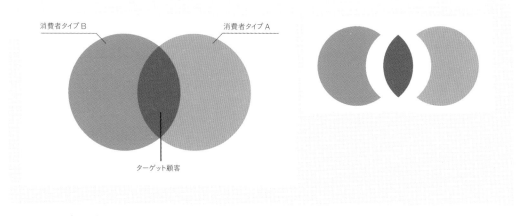

これは重なりの表現に効果的だ。上図は重なり合った2つの円と認識でき、右のような3つの図形があるとは考えないだろう。閉合の効果によって、人間は面で重なったり、隠れて欠けた部分を補完して認識することができる。

─ 法則5：共通運命

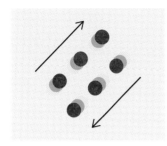

同じ方向に動くものや同じ周期で点滅するものなどを
同じグループだと認識する傾向。

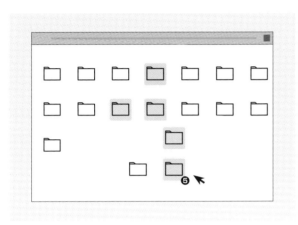

パソコンのフォルダやファイル操作のインタラクションは、
「共通運命」の効果をうまく活用して、選択されたグ
ループの認識をしやすくしている。

─ 法則6：面積

図1　　　　　　図2

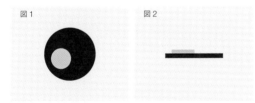

図1は平面だが黒い円の上に黄色い円がのっ
ている状態に見える。3次元であれば図2のよ
うな状態をイメージしただろう。

面積の大きいものを地（背景）と捉えるとも言える。ルビンの壺（P.32）も上のようにするとこの効果により壺としての認識が強まる。また
MdN STUDIOのロゴは、この効果によって陰影を使わずに立体感のあるビルのイメージをうまく表現している。

法則7：対称

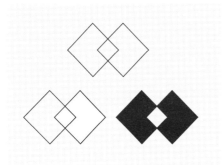

対称な図形ほど認識されやすいという傾向。ひとつの図形の中に複数の対称があれば、一番シンプルな形状を見出しやすい。

左図の場合、上のような図形があると、いくつかの見方が可能である。左下のように2個の正方形が重なりあって対称に配置されていると見ることもできるし、右下のようにL字型の図形が配置されていると見ることもできる。色や補助線を使うことで、どの形状を見出しやすくなるかは変わる。

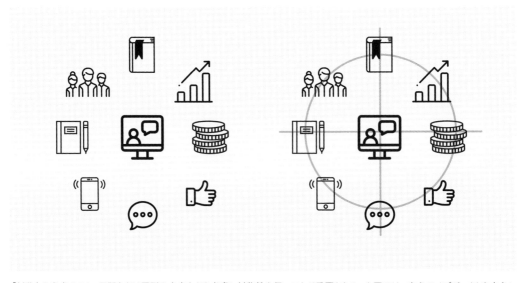

「対称」を考慮すると、図版などは図形や余白などを考慮し対称性を保つことが重要となる。上図では、中心のオブジェクトを中心に対称性が保たれているので、「中央にオブジェクトに対して並列に関連性のある8つのオブジェクト」ということが認識しやすい。

── デザインに活かす三箇条

◉ ›› **ゲシュタルトの法則のような、既知の感覚のしくみを守ってデザインすることが大原則。**

◉ ›› **形状で理解しやすいデザインにすれば必要以上に文字で説明しなくてよい。**

◉ ›› **ゲシュタルトの法則に従って描画すれば、表現のムダを省くことにも繋がる。**

色覚多様性を意識したデザイン

色覚多様性とは、以前は色盲・色弱などとも言われていた症状で、現在は色覚特性とも言われる。色覚多様性は先天的または後天的に起こり、特定の色の識別がしづらかったり見分けられなかったりする症状のことだ。P型色覚、D型色覚、T型色覚などのタイプがあり、T型色覚となると色の判別がつかずモノクロにしか見えない状態となる。色覚多様性で起こる問題としては、

・路線図など色で意味を持たされた情報が読み取りにくい
・背景と文字色の組み合わせによって情報が読み取りにくい
・自分が思っている色と実際の色が異なる

といったものがある。例えば路線図を見た場合に図1のような見え方になる。この色覚多様性は日本人男性の約5%、女性の約0.2%、国内に約320万人いると言われており、老若男女問わず多くの人に情報を提供するWebサイトであれば、配慮は不可欠だ。Webサイトをデザインする際には次の点に留意することで色覚多様性の人でもストレスなく閲覧できるサイトに近づけられる。

1. 色でしか判断できない要素を減らす

例えばリンクのあるテキストを緑文字などとすると認識できない可能性があるので、リンクテキストには下線をつける。またグラフなどは色分けとあわせてそれぞれ異なる模様をつけるなど、色に依存した表現をなるべく避ける。

2. 明度差、色相差をつける

W3Cはガイドラインで明度差は125以上、色差は500以上が望ましいとしている。また緑背景に赤文字など特に見づらい配色は避け、文字のウエイトをあげる、白フチをつけるなども効果的だ。

ただ気をつけるといっても難しいので、確認のために色のシミュレーションをしてみるといいだろう。Adobe Photoshopであれば「色の校正」の機能で実際の見え方を確認できる。また、「色のシミュレータ」のようなスマホアプリもある。またはレイアウト全体をグレースケールに変換し見づらい箇所があれば、明度差、色相差が足りないと判断できる。これは色覚多様性の人だけに限らず、すべてのユーザーに対しての可読性向上にも繋がる。

図1

iPhoneアプリ「色のシミュレータ」を使って東京都交通局の地下鉄路線図を閲覧した状態。左から順にC型（大多数を占める色覚タイプ）、P型、D型、T型のシミュレーション。

コントラスト比を十分にとり、色が判別しづらくても読みやすさが損なわれない工夫が見て取れる。

ストループ効果
文字と絵と色の連携による相乗効果

08 Stroop Effect

KEY WORD

ストループ効果／Stroop Effect

同時に目にする２つの情報が干渉し合う現象。例えば、文字の意味（赤、青など）とその色（「赤」という文字を青で印刷するなど）が異なると、色情報と文字情報が脳内で葛藤を起こし、文字を読み上げるのに時間がかかる。アメリカの心理学者ジョン・ストループによって報告されたことからこの名で呼ばれる。

百聞は一見にしかず。意外なほどの違和感

ストループ効果とは2つ以上の情報が干渉し合う状態のことだが、まずは図１を見て色を読み上げてみてほしい。

図１

あか
あお
きいろ
みどり

躊躇と気持ち悪さがあったのではないだろうか。これは単に文字を読み上げるだけなのに背景の色が情報として干渉してくることによって起こる。

これは文字と色だけではなく、写真、書体、ピクトグラムなど視覚から入る情報間で起こる。

また、図２にも違和感を抱くだろう。もちろんこれらはストループ効果がマイナスに働く例だが、これを考慮してデザインすることで、より伝わりやすいデザインを作ることができるだろう。

図２

力強いコピー
止まれ
進め

書体（フォント）

特定のテイストで作られた文字の集まり。筆押えを残している明朝体や視認性を重視したゴシック体などが有名。またデザイン性の高いものもあり、文字を読ませるだけではなくデザイントーンの決定にも影響する。

ピクトグラム

絵文字、絵単語とも言われる。表現したい事柄をシンプルな図にして表現したもの。言語の制約なく直感的に伝えることが可能。代表的なものは ISO で規格化されている。

DIGEST

+ 〉〉 文字の意味と異なる色・絵をセットで示すと人間は混乱しがち
+ 〉〉 混乱の原因は、文字と色・絵の情報が、干渉し合うことにある
+ 〉〉 視覚情報を提示する際はイメージの一致した文字・絵・色の組み合わせが重要

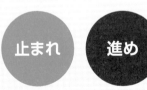

Webサイトへの応用

適切な書体を選んでデザインし、イメージをより具体的に伝える

安さと商品の豊富さが伝わる例。これをオシャレなフォントで構成してしまってはお得感などは伝わらないだろう。

情報に対して適切なアイコンを使うことで分かりやすく

Case 1

お問い合せはこちら

info@example.com

Case 2

お問い合せはこちら

info@example.com

Case 1 は電話のマークなのにメールアドレスが書かれていて分かりづらい。この場合は Case 2 のアイコンが適切だ。

言葉がなくても伝わる「ピクトグラム」を活用する

「ピクトグラム」とは、シンプルなイラストで注意喚起を促すサインの一種だ。例えばトイレのサインのピクトグラムは世界中で使われており、人型と色だけで、【男｜女】と文字で記載するよりも直感的に情報が伝わるようになっている。

デザインに活かす三箇条

- ◎ ›› 伝えたい情報・イメージにあわせて背景やフォントを選ぶ。
- ◎ ›› アイコンやピクトグラムを活用して情報をより分かりやすく。
- ◎ ›› 言葉に頼らず形・色の力を借りてデザインしよう。

オンラインでの「読む」
ディスプレイで「読む」と紙で「読む」の違い

KEY WORD

オンラインでの「読む」／ Online "reading"

読むという行為の前にディスプレイの特性に触れておくと、そもそも PC やスマートフォンのディスプレイは読むという行為とは相性がよくない。

ディスプレイは読書に向いていない

紙の本はインクで印刷されたものを、日光や照明に照らされること（反射光）で読むことができる。対して PC やスマートフォンのディスプレイは自身が光を発すること（透過光）で画像やテキストを表示しているため、紙の本を読むのに比べて目に対する負荷が高く、じっくりと長文を読むということには適していない。

つまり本を読むのとオンラインで読むのは同じ行為ではないという前提で考える必要がある。

オンラインで読むのと紙の本を読むのは別物

オンラインでの「読む」と紙の本を「読む」では体験としても異なるものになる。紙の本を読むということは手に取った重さ、紙の質感、めくる音など視覚、聴覚、触覚、嗅覚を刺激される多感覚的な体験となる。例えば「あの内容はコーヒーをこぼしてしまったページに書いてあったな」といった体験と紐づくことで知識として定着しやすい。実際に同じ文章を紙で読んだグループと PDF ファイルをディスプレイで読んだグループに分けて読解力のテストを行ったところ、紙で読んだグループの方が文章に対する理解が深かったという実験結果もある。

ただこれは決して紙の本の方が優位だと言いたいわけではなく、オンラインで読むことは紙の本を読むことの代替ではないということだ。逆に多くの情報を流し見して情報を取得したり、タイムリーな情報取得をしたりするのはオンラインの方が向いているだろう。つまり紙の本の置き換えではなく、オンラインで読むことの特性や有益性を理解した上で UX を構築することが重要となる。

DIGEST

+ ›› **PCやスマートフォンのディスプレイは文章を読むには適していない**

+ ›› **紙の本を読むことは多覚的な体験であり、知識として定着しやすい**

+ ›› **オンラインでは多くの情報を流し見て情報を取得することが向いている**

Webサイトへの応用

── 記事コンテンツはサマリーを入れる

記事を読まなくても概要が掴めるようにサマリーや目次を入れる。それでは本文を読んでもらえないと感じるかもしれないが、基本的に記事を熟読する人はいないという前提で、いかに効率的に情報を取得してもらえるかと考えた方がWebメディアとしては価値が高まる。

▶ https://ferret-plus.com/107143

── シェアボタンはアクセスしやすい位置に配置

記事を最後まで読んでからシェアするわけではなく、記事の概要や一部を読んだだけでシェアされるケースも多い。記事を読んだ上で意見を述べる人ももちろんいるが、SNSではそういう記事に興味がある自分を演出するためにシェアされる場合も少なくない。

── デザインに活かす三箇条

- ◎ 〉〉 **オンラインの記事ではサマリーや目次で概要が分かるようにする。**
- ◎ 〉〉 **見出しの拾い読みでも理解できるようデザインするのも効果的。**
- ◎ 〉〉 **ユーザーが全文読んでから何かアクションをする想定で設計しない。**

色彩心理
色が心理に及ぼす影響

色彩心理／Color Psychology

身の回りにある色が心や体に影響を及ぼすこと。無意識的に影響するが、「血の色である赤には危険や緊急性を感じる」といったように人間が生存するために刷り込まれたものや、「紅白＝めでたい」のような文化や慣習からくるものがある。実証されていない部分も多く学問としては発展途上の分野でもある。

寒色の壁は涼しく感じる？

色にはそれぞれ特徴があり、何気なく接していても私たちの体や心理や行動に大きな影響を与えている。例えば青い文字で書き取りをした方が記憶しやすいといった事例や、同じ温度でも部屋の色が暖色と寒色かで体感温度が変わるということも実証されている。

それぞれの色が持つ特徴を理解してデザインに活かすことで、訴求力や成果の向上に繋げられるだろう。

右ページには、基本的な色の持つ特徴と、想起させるポジティブおよびネガティブなイメージを挙げた。Web サイトのデザインを行う際にも、これらの色の特徴を理解してベースカラーやポイントカラーを選択したい。

文化で異なる色のイメージ

各色から想起されるイメージだが、これは国や文化によって変わることもある。例えば日本で死を連想する色は「黒」だが中国では「白」、エジプトでは「黄」だ。

この違いにはさまざまな影響があると言われるが、文化や歴史によるものも大きい。例えば日本では聖徳太子が作った「冠位十二階」で一番位が高い色が紫だったことから、紫には「高貴」というイメージがついたとも言われている。

日本で葬儀屋の Web サイトを紅白で作ることはないと思うが、異なる文化圏で閲覧される Web サイトであれば、文化の違いなども理解しておかないと、そのような間違いを犯しかねないので注意が必要だ。

＋ 〉〉 **色は人間の身体、心理や行動に影響を与える力がある**

＋ 〉〉 **色を適切に使うことでイメージを伝える力が向上する**

＋ 〉〉 **色から想起されるイメージは文化によって異なるので注意も必要**

Webサイトへの応用

各色の特徴とイメージ 　〔　　　　　〕内は、色が持つイメージキーワード

赤：活力アップや食欲の増進などアクティブな印象の色。また赤信号に代表されるように危険を想起させるので注意を促す場合にも活用される。

〔 ＋：活気・情熱・炎 ／ －：危険・怒り・負債 〕

緑：安心、安定や調和などを想起させる。優しい印象で集中力の維持や気持ちのリラックスも促す。

〔 ＋：自然・癒し・安全・新鮮／－：未熟・受動的 〕

青：空、水といった生きるために必要な要素を想起させる色。世界的にも一番人気の高い色と言われており、嫌悪感を示す人も少ないので企業ロゴなどにも多く選択されている。

〔 ＋：誠実・信頼・爽やか・知的／－：冷淡・悲しみ 〕

黄：有彩色の中で最も明るい色で光や太陽を想起させる色。ポジティブな気持ちを促す他、認識がしやすいので注意喚起の色としてもよく使われる。

〔 ＋：エネルギー・明るい・幸福／－：危険・不安・軽率 〕

紫：青と赤の混ざった色で色域が広い。上品と下品、神秘と不安など、シーンによって相反するイメージを想起させる。

〔 ＋：高級・上品・神秘的／－：不安定・下品 〕

ピンク：柔らかく女性的なイメージの強い色で不安を和らげ、優しい気持ちになることを促す。

〔 ＋：幸福・愛情・美／－：欲情・不安定・幼稚 〕

茶：木や土など自然を想起させ、温もりや居心地の良さを感じさせる色。主張しすぎずにどのような空間にも調和する。

〔 ＋：大地・堅実・伝統／－：頑固・地味・退屈 〕

オレンジ：赤と黄色のどちらのイメージも持ち合わせ陽気・元気といった印象を与える。またネガティブな印象が少ない色でもある。

〔 ＋：陽気・元気・温もり・歓喜・自由／－：わがまま・奔放 〕

白：白は光を反射する最も明るい色。清潔や潔白というクリーンなイメージがありつつ、他の色に干渉しないのでベースカラーにもしやすい。

〔 ＋：純粋・威厳・潔癖・神聖／－：無・空虚 〕

灰：強いイメージを主張せずに周囲の色を引き立てる色。背景に使用した際に白ほど光を反射しないので白よりも文字が読みやすくなる場合もある。

〔 ＋：上品・落ち着き・謙虚・調和／－：無機質・曖昧 〕

黒：強さや高級感などがある一方、負のイメージも想起させる色。有彩色を引き立てつつ高級感やモダンな雰囲気を付け足す効果もある。

〔 ＋：力強さ・威厳・高級／－：脅威・不幸・闇 〕

デザインに活かす三箇条

- ❂ 〉〉 **ターゲット層に好まれるために、相手に与えたい印象に合わせた色を選ぼう。**
- ❂ 〉〉 **食欲を湧かせる色、信頼感を出す色など、サイトテーマに色のイメージを活かそう。**
- ❂ 〉〉 **文化によって色のイメージや意味は異なる。日本向けかグローバル向けかで注意。**

配色のルール
デザインが見違える色選びのコツ

11

色／Color Coordination

人間は、特定の光の波長を色として見ることができ、可視光の波長の長さによって、色が決まる。色は、感覚心理学的にいえば、物体が反射する光の波長によって人間が感じる感覚であり、心の働きとされている。人間の目に見える色はRGBの3つの色の組み合わせで大半の色を再現することができる。

前項で色が心理に及ぼす影響を述べたが、人を興奮させる赤と落ち着かせる緑が混在していたらどうなるだろうか。色を扱うにあたっては重要な配色についても知っておく必要があるだろう。

色の3属性

色には色相（Hue）、明度（Value）、彩度（Chroma）の3属性があり、色相は色合いの相違、明度は明暗、彩度は鮮やかさの違いだ。図1のような相関のイメージがある。

配色のポイント

デザインの統一感や資料の見やすさなどに大きな差が出る原因のひとつが配色だ。配色に慣れていない人は思いつくままに色を選んだり、意味や粒度を問わずさまざまな色を使ってしまうことが多い。こうなるとそれぞれの色の心理的な効果も意味をなさないだろう。ではどのように色を選べばいいだろうか。色を選ぶポイントを説明しよう。

（1）メインカラー、ベースカラー、アクセントカラーの役割の異なる3つの色を選ぶ。

（2）メインカラーはなるべく明度の低い色の方が使い勝手が良く、ベースカラーは使用する面積が多くなるので明度の高い色やグレーなどがおすすめだ。

（3）アクセントカラーは比較的自由に選べるが、メインカラーと近すぎるとそもそもアクセントにならないため、色相（図2）で離れた位置から選ぶといい。

そしてこの3色をベースカラー70%、メインカラー25%、アクセントカラー5%ほどの比率で使用することでバランスよくまとまる。ちなみにデザイナーでなくても、資料作成などにこれを意識するだけで格段に見やすくなるので試してもらいたい。

心理的効果を取り入れる

以上のような配色の基本を押さえた上でようやく色の持つ効果が発揮さ

図1

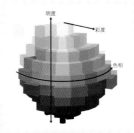

明度
彩度
色相

「マンセル・カラー・システム」を図にした「マンセルの色立体」

れる。例えば購入に繋がる「カートに入れる」ボタンは、気持ちをアクティブにさせる赤を用いる、信頼感を醸成したい企業のコーポレートサイトであれば青をメインカラーに構成する、などといったことを考える。その際に明度をどの程度にするか、使用面積はどの程度か、またメインカラーが決まっている場合に周辺の色にどのような配色をするべきか、反対色から選ぶか否か、といったように配色をより論理的に検討することもできるようになるだろう。

図2

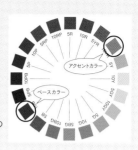

色相環からの
配色選択

＋ 〉〉 色を決める要素には色相、明度、彩度の3属性がある

＋ 〉〉 色の役割を明確にすることでデザインにまとまりが生まれる

＋ 〉〉 配色のバランスがとれた上でこそ、色が与える心理効果を有効に発揮できる

Webサイトへの応用

メインカラー・ベースカラー・アクセントカラーの配色の比率

ベースカラー、メインカラー、アクセントカラーの配色面積例。Web サイトにブランドや会社のロゴや、製品のイメージカラーを使用したりすることはよくある。そのため、ロゴやイメージと釣り合うことを考慮してまずメインカラーを決定し、ベースカラーとアクセントカラーを決める。

また、P.37 で紹介したように、コントラストが十分にない配色では、文字や情報が読み取りづらく、可読性が担保できない。レギュレーションとして決定する前にカラーシミュレーションなどを行って読みやすさについても確認しよう。

ベースカラー 70%　　　　　　メインカラー 25%

アクセントカラー 5%

デザインに活かす三箇条

◉ 〉〉 意図のない多色づかいは素人っぽく見える原因なので注意。

◉ 〉〉 各色の役割を意識して配色を選ぼう。

◉ 〉〉 使用面積を考慮して役割を見失わないように。

プロトタイプ理論
カテゴリー分けは典型事例で考える

プロトタイプ理論／Prototype Theory

1970年代にエレノア・ロッシュらによって提唱された言語学、認知心理学上の理論。人間が実際にもつカテゴリーはプロトタイプ（代表的事例）的カテゴリーと呼ばれ、明確な定義によって規定されるものではなく、典型事例とそれとの類似性によって特徴づけられるという考え方。

「果物」と「野菜」の定義とは？

「果物」と「野菜」の定義は何だろうか。料理に使われるのが野菜でデザートや間食として食べるものが果物だろうか？　語源から読み解くと「果物＝木になるもの」なのでスイカやイチゴは果物ではないということになる。農林水産省のWebサイトによると、概ね2年以上栽培する草本植物及び木本植物であって、果実を食用とするものを「果樹」として取り扱っている。

果樹とは

農林水産省では、果物と呼ばれることのあるメロンやイチゴ、スイカ（いずれも一年生草本植物）などは野菜として取り扱っている。

▶ https://www.maff.go.jp/j/seisan/ryutu/fruits/teigi.html

カテゴリー設計のポイントとは

Webサイトの制作ではサイトマップなどを作る時にコンテンツを整理することになり、必ずカテゴリーの分類が必要となる。では、よくある企業サイトのカテゴリー分けの場合、以下のどちらが適切だろうか？

(A) よくある質問	(B) 商品情報
- 商品について - 会社について	- 商品の利用方法 - よくある質問

実際にはケースバイケースとしか言えない。しかし、どちらが適切かと検討する手段としては、過去の典型事例を参考にするのがいいだろう。仮に学術的な定義によれば（B）が正解だとしても、大半のWebサイトが（A）で分けているとすれば、そちらを選ぶのが適切だろう。典型事例が常に同じとは限らず、ECサイトであれば（B）の方が自然だが、コーポレートサイトなどでは（A）の方が自然かもしれない。この辺りはWebサイトの目的やユーザーの行動を鑑みて設計するべきだろう。

+ ›› ものや事象を分かりやすく分類するにはカテゴリーを定義する

+ ›› 言葉の定義では、はっきりと分類しきれない事例が意外に多い

+ ›› 言葉の定義にこだわるよりも、ユーザーが分かりやすいラベルで分類する方がよい

Webサイトへの応用

ニーズを考察した上でカテゴリー検索を提案する

化粧品を悩み別に分類しようとした場合に脂性肌は乾燥が原因になるのだが、[お悩み] → [肌の乾燥]とするよりは [お悩み] → [脂性肌]とした方が直感的に自分のニーズと結びつけられる。このように正確なラベルより目的やお悩みなどユーザーに合わせた言葉で分類した方が有効な場合もある。

ファセット型の情報整理をしてナビゲーションに活かそう

海の生き物	陸の生き物	空の生き物	
クジラ	サル	コウモリ	ほ乳類
	ゾウ		
ウミガメ	ヘビ		爬虫類
マグロ			魚類
	ダチョウ	カモメ	鳥類

ひとつのカテゴリーで情報を整理できない場合は、ファセット型にすることで整理することができる。カテゴリー分けをする時に2カテゴリー以上に分類できる場合、特定のカテゴリーに紐付けするのではなく、該当するすべてのカテゴリーに分類し、左の図のようにさまざまな切り口から検索できるものをファセットナビゲーションという。

デザインに活かす三箇条

- ◉ 〉〉 **カテゴリー分けは定義も大事だが見慣れた形が分かりやすい。**
- ◉ 〉〉 **目的や利用者によって典型事例は変わるので注意が必要。**
- ◉ 〉〉 **一意のカテゴリーに収まらない時はファセット型なども活用しよう。**

フィッツの法則
使いやすさは計算できる

13

KEY WORD

フィッツの法則／Fitts's law

1954 年にオハイオ大学のポール・フィッツが提唱したマンマシンインターフェイスにおける人間の動作をモデル化した法則。ユーザーインターフェイス設計における普遍的な法則として知られ、マウスを使ったユーザビリティの向上のためのボタンデザインやクリック領域の設計に応用される。

「操作のしやすさ」は何で決まるのか？

フィッツの法則は、特にマウスを使って画面上のオブジェクトを操作する時に応用されている。

まずフィッツの法則の公式は以下の通りだ。

$$T = a + b \log_2\left(1 + \frac{D}{W}\right)$$

T ＝ ターゲットまでの時間
D ＝ 開始ポイントとターゲットの中心までの距離
W ＝ ターゲットの大きさ
a ＝ ポインタの移動開始時間と停止時間
b ＝ ポインタの速度

log は見慣れない人もいるかもしれないが、ここで特に注目して欲しいのは D と W だ。

T はポインタの移動時間なので少ない方がいい。そうすると D/W に関しては、D は少ないほど W は多いほど T が少なくなるのが分かるだろう。

簡単に言うとユーザーにポインタを合わせてもらいたいものは現在のポイントの位置より近くで大きいほどよいということになる。

ポインタの開始位置はユーザー次第だが、ブラウザの操作ボタンや検索ボックスは上部にあるので、大半の Web サイトのメインのナビゲーションがヘッダーにあるのも納得するのではないだろうか。

すべての要素を大きくして近くに置くというわけにはいかないので、想定するユーザーの行動や情報の優先度などを考慮して、大きさ・配置を決定することでユーザビリティが確保される。

タッチデバイスでも同じ

フィッツの法則は、マウスの移動を対象とした内容だが、マウス操作のなくなったスマートフォン、タブレットなどのタッチデバイスのインターフェイスでもこの考え方は応用できる。

3Dタッチ

iPhone 6s 以降で新たに利用できるようになったユーザーインターフェイス。液晶ディスプレイのタッチインターフェイスを使用する際に圧を加える（強く長押しする）ことでサブメニューなどオプション操作が行える。

フリック

iPhone をはじめとしたスマート端末、タブレット端末で実装されているユーザーインターフェイス。液晶ディスプレイ上で、左右のどちらかに指を一降り滑らせること。スワイプよりは指が画面を滑る距離が短いので「ちょっと移動する」「スクロールさせる」といった操作をすばやく行うための動作。

DIGEST

+ ⟩⟩ フィッツの法則は、ユーザーインターフェイスで人間が使う動作をモデル化した法則

+ ⟩⟩ 同じ距離であれば、ターゲットが大きい方が目的の場所にたどり着く時間は速くなる

+ ⟩⟩ 使用頻度や優先度を考慮して最適な距離・大きさで配置するべき

Webサイトへの応用

― 遠くてもターゲットを最大にして使いやすくする

macOS でおなじみの Dock 機能は画面の下・左・右を自由に選んで配置できるが、ポインタの移動距離は長い。だが、ポインタは画面の端で止まり、ディスプレイの縁をターゲットにできることから、すばやい操作が可能だ。また、Dock はポインタが近づくとそのターゲットが最大化することから、クリックしやすい。

― 固定配置を活用して使いやすくする

大きめのターゲットにしてすばやく
使いこなせるサイズ感に

Web ページの下部に設けることが多い「ページトップに戻る」ボタンは、右下などに固定配置することで常に一定の距離感を持たせて、すばやく使いこなせるような配慮が可能だ。また、閲覧を阻害しない位置に置くのでターゲットは大きめにするといいだろう。

― 移動の距離が計算できない「最短の操作」

iOS で導入されたフリック、スワイプなどは移動距離だけでなく、触れている時間や押す強さなどを意識する。また、3D タッチは、ある意味移動をせずに押すだけの「距離は 0」に近い操作だが、新しいジェスチャを多用することが誰にとっても使いやすいとは必ずしも言えない。このようなタッチデバイスでは、距離や大きさ以外の要素も含まれるので実機での検証がより重要になってくる。

ボタンを押し込むとメニューが表示される 3D タッチは、移動距離は 0 だが、この操作方法があることを知らせるすべがなければ、機能にたどり着くことができない

― デザインに活かす三箇条

- ⊙ 〉〉 **ポインタの操作感はターゲットまでの距離と大きさで決まる。**
- ⊙ 〉〉 **ユーザーの行動を想像して最適な位置、大きさを検討しよう。**
- ⊙ 〉〉 **移動距離という概念のないデバイスも増えてきたので要注意。**

ステアリングの法則
狭いトンネルは通りづらい

14

KEY WORD

ステアリングの法則 / Accot-Zhai Steering Law

フィッツの法則（P.48）の派生として Johnny Accott（ジョニー・アコット）と Shumin Zhai（シュミン・ツァイ）によって提唱されたもので、ポインタが通らないといけない経路（トンネル）の広さと所要時間には相関関係がある。

ポインタの経路が限定される場合の使いやすさ

まずステアリングの法則の公式は以下となる。

$$T = a + b\left(\frac{A}{W}\right)$$

T = 全体の移動時間
$a \cdot b$ = 定数
A = トンネルの長さ
W = トンネルの幅

ポインタの通る長さによって所要時間が変わるのは明白だが、通れる幅が広いほど早く動かせるということになる。操作をイメージしてみれば分かると思うが、早く動かせる＝操作しやすいと言えるだろう。

ポインタで辿っていくナビゲーションは多くの Web サイトやアプリケーションで利用されているので、そのエリアをなるべく広くとることがユーザービリティの向上に繋がる。

DIGEST

＋ 〉〉 **ポインタを動かす距離が長くなるほど所要時間は長くなる**

＋ 〉〉 **ポインタが通れるエリアが広いほど早く動かすことができる**

＋ 〉〉 **経路を辿るナビゲーションなどはなるべくポインタの通る面積を確保する**

Webサイトへの応用

— **ウォーキングメニューではなるべく幅を確保する**

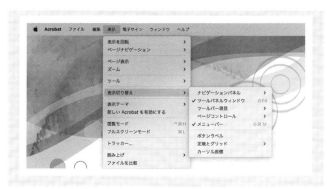

macOSのメニュー。ポインタは反応するエリア確保とあわせてポインタがメニュー外に逸れてもメニューが閉じない制御になっている。

— **タッチデバイスでの考慮**

タッチデバイスでオブジェクトをタップやスワイプで動作させるUIでもこの法則は考慮すべき。反応するエリアの確保や周りの要素との近接を避けることで誤操作を防ぐことができる。

— **デザインに活かす三箇条**

◉ 〉〉 **ポインタを動かすエリアはなるべく広く取る。**

◉ 〉〉 **ポインタの移動距離を長くしすぎないことでもユーザビリティが上がる。**

◉ 〉〉 **タッチデバイスでもエリアの大きさが適切か考慮し、必ず実機で確認する。**

動画の認知心理
圧倒的な情報量を活かすには

動画の認知心理／ Cognitive Psychology of Video

動画は文字や画像に比べて圧倒的な情報量を伝達することができる。また、言葉に限っても静止テキストとは異なり、話し方やスピード、抑揚などで伝え方をコントロールできる利点がある。動画に活用できる心理効果を理解すれば、コンテンツの幅が広がるだろう。

主流になりつつある動画コンテンツ

インターネットでもストレスなく動画を見られる環境が整い、動画コンテンツの活用はビジネスにおいても大きな役割を持つようになった。主な活用法としては、以下のようなものがある。

・動画広告

テレビ CM は昔からあるが、YouTube などの動画プラットフォーム、バナー広告、タクシー広告、デジタルサイネージなどさまざまなところに掲出できるようになった。

・商品・サービス紹介

商品サイトや LP、ネットショップなどに動画を掲載。写真とテキストでは伝えづらかった部分やプレゼンターがトークすることでより魅力を伝えて購買意欲を喚起することができる。

・コンテンツ配信

ユーザーが楽しめる動画コンテンツを配信し、フォロワーを増やすことで広告収益を得たり、事業を展開したりする。特に YouTube を中心に活動する人たちは YouTuber と呼ばれ、近年は若年層のなりたい職業ランキングの上位に登場するようにまでなった。

・ブランディング、集客

企業が SNS などに動画コンテンツを配信することで、ブランディングや認知度拡大に活用する。SNS ではイメージムービーよりも企業やそこで働く人たちのリアルが垣間見えることでより信頼や親近感を獲得することができる。

デジタルコンテンツの市場規模

デジタルコンテンツ協会（DCAJ）発行の『デジタルコンテンツ白書 2023』によると、2022 年の日本国内のコンテンツ産業の市場規模が過去最高に達したとしている。

▶ https://www.dcaj.or.jp/project/dcwp/index.html

HikakinTV ✓
@HikakinTV チャンネル登録者数 1170万人 3352 本の動画
登録ありがとうございます。 ＞
youtube.com/@HikakinGames 、他 **3** 件のリンク

チャンネル登録

ホーム　動画　ショート　ライブ　再生リスト　コミュニティ　チャンネ ＞

新しい順　人気の動画　古い順

【BBQ】20億円の新居で高級食材バー
ベキュー&花火したら最高すぎた...
222万 回視聴・3 日前

【総額？？？万円】20億円の新居に高
級家電爆買いしてみた【開封レビュ...
332万 回視聴・4 日前

YOASOBI「アイドル」 Official Music
Video HIKAKIN Ver. メイキング
254万 回視聴・9 日前

▶ https://www.youtube.com/@HikakinTV/

YouTuber として高い知名度を誇る HIKAKIN のチャンネルでは登録者が 1100 万人を超え、時には社会現象となるような
発信力を持つ。

▶ https://www.tiktok.com/@japanairlines_official

JAL の公式 TikTok アカウントでは実際の社員が多く登場し、
流行りの音源なども積極的に利用している。

動画活用のメリット

プラットフォームが整い、利用することのハードルは下がった。そこで動画を活用することのメリットを考えてみよう。まず、動画は圧倒的な情報量を伝達することができる。米国のフォレスター・リサーチ社のジェームズ・マクベイ博士が 2014 年に発表した研究では、1 分間の動画から伝わる情報量を文字に換算すると 180 万語に及ぶとのこと。

また多彩な表現方法がとれる。言葉に限っても静止テキストとは異なり、話し方やスピード、抑揚などで伝え方をコントロールできる。さらに映像やBGM、効果音などを駆使することで印象的で記憶に残る伝達が可能となる。もちろんできることが多ければ難易度も上がるが、上手く活用できた時の効果は計り知れないだろう。

短尺動画の効果

動画コンテンツの中でも Instagram のリールや YouTube ショート、TikTok など短尺動画が人気で膨大な再生数を記録している動画も数多くある。最大 60 〜 90 秒程度の動画でスクロールしながら次々と見られることが人気だが、中毒性があり意図せずに多大な時間を消費してしまったという問題も起きている。また、若年層を中心に映画やドラマを倍速で見るという人も増えており、エンタメですら短時間で効率よく消費しようという効率性、合理性を良しとする価値観の現れとも言える。

ただし、ビジネスに活用する際は注意が必要だ。再生数を稼ごうと短尺に固執して本来伝えたいことが伝わらなかったり、誤解を招いたりするようであれば本末転倒になってしまう。再生数よりも長時間の動画でも興味を持って見てくれる人がどれだけいるか、それによってどのような心理変容が見られるかなど、目的に沿った指標や評価を行うことが重要となる。

1 分間の動画から伝わる情報量

画像 1 枚当たりの情報量は 1,000 語と言われている。動画によってフレームレートは異なるが、毎秒 30 フレームとすると、1秒間の動画の情報量は 1,000 語 × 30 フレーム = 30,000 語。したがって 1 分間の動画から伝わる情報量を文字に換算すると、30,000 語 × 60 秒 = 180 万語という結果になる。

各サービスの短尺動画

Instagram のリール	15 秒、30 秒、60 秒、90 秒の短尺動画
YouTube ショート	60 秒までの短尺動画
TikTok	15 秒〜 10 分の短尺の動画

＋ 〉〉 **ネット環境の向上により動画コンテンツも主流となった**

＋ 〉〉 **動画利用のメリットとして短時間で多くの情報伝達が可能となる**

＋ 〉〉 **短尺動画は人気ではあるが利用するかは目的を鑑みて判断が必要**

Cognitive Psychology of video

Webサイトへの応用

本書で紹介している、動画活用に有効な心理効果をいくつか紹介する。

— **クレショフ効果：イメージの組み合わせによって印象が変わるという効果** ☞ P.24

夏向けの商品であれば、南国のようなシーン、夏っぽい BGM を使うことで、「夏のものである」という印象が強まる。またターゲットに近い年代や雰囲気の人を出演させることで狙いたいターゲットに反応してもらいやすくなる。

— **ザイアンスの法則：接触回数が増えると信頼や好感が増すという効果** ☞ P.98

同一の話者で毎日投稿をすることなどでユーザーに親近感を持ってもらい、ファンの育成などに効果的。

— **カリギュラ効果：禁止されるほどその行動をしたくなるという効果** ☞ P.76

「閲覧注意」「〇〇な人は見ないでください」とったタイトルなどで興味を引くことができる。

— **ツァイガルニック効果：未完成や完結していないものに興味を引かれる効果** ☞ P.104

テレビ番組の CM またぎなどでよく使われるが、予告動画や前後半に分ける際などに、結果の手前まで見せることで動画の閲覧を促進できる。

— **ハロー効果：その人の顕著な特徴がすべての評価に影響を及ぼす効果** ☞ P.132

内容に適した著名人や専門家に出演してもらうことで、情報の信頼性の向上や印象をよくすることができる。

— **ストーリーテリング：情報を物語やエピソードを交えて話すと印象に残りやすい** ☞ P.164

健康食品のインフォマーシャルなどでもよく使われている。また何かのノウハウを伝える動画なども単に手法を伝えるよりも、講師の経験談や昔の失敗談などを交えた方が印象に残りやすい。

— **デザインに活かす三箇条**

◉ 〉〉 **イメージを左右する心理効果としてクレショフ効果、ザイアンスの法則が挙げられる。**

◉ 〉〉 **興味を喚起する心理効果としてカリギュラ効果、ツァイガルニック効果が挙げられる。**

◉ 〉〉 **印象に残す心理効果としてハロー効果、ストーリーテリングが挙げられる。**

メンタルモデル
ユーザーの予測を予測しよう

メンタルモデル／ Mental Model

人が初めて触れるものに対して「これはこういうものだろう」と解釈、判断、行動について頭の中に形成されるモデルのこと。これは文化や生活環境、これまでの経験に基づいて作られるので個人により変わるが、同じような文化、生活環境の中で暮らしていれば類似したメンタルモデルが形成されやすい。

ユーザーは過去の経験と知識から操作する

「このアプリでカラオケができるよ」とスマートフォンを手渡されたらどうするだろうか？

カラオケといえばまず曲を選び、曲がはじまったら表示される歌詞に合わせて歌うということは、ほとんどの人が経験したことがあるだろう。そういった経験やスマートフォンにはマイクやスピーカーがあるといった知識から、そのアプリ上でカラオケをするためにどのように操作していくのかというメンタルモデルを形成していく。つまり UI や機能を設計する側はメンタルモデルを考慮することで、ユーザーが直感的に操作できるものを実現することができる。

またこの時にターゲットユーザーをきちんと定めることもポイントとなる。例えば就職してから PC に触れるようになった世代と子供の頃からスマートフォンなどに触れて育った世代では、形成されるメンタルモデルは大きく異なる可能性が高いからだ。

メンタルモデルとアフォーダンス

過去の経験から操作方法などを探るという点ではアフォーダンス（P.26）に似ているようだが、メンタルモデルはアフォーダンスの手前で形成される。例えば密室から出ようとした際に即座に壁を壊そうとする人はいないだろう。この時は「扉のようなものがあってそこから出られるはず」というメンタルモデルが形成され、見つけた扉についた取手のようなものを見てその形から「これを握って回して開けようとする」ことがアフォーダンスによる行為となる。

UI やサービスデザインにおける「メンタルモデル」

メンタルモデルはなにも現実の手に触れる道具や物だけでなく、コンピュータ上の UI や Web やアプリにおけるバーチャルな空間上のサービスデザインにも形成される。ヒューマン・インターフェイスの権威であるドナルド・ノーマンも、デザイナーがいかにサービスやソフト上にメンタルモデルを形成することが重要かを『誰のためのデザイン？』（1990, 新曜社）で解説している。

＋ 〉〉 人がにものに触れる前にあらかじめ推測を立てるモデルをメンタルモデルという

＋ 〉〉 メンタルモデルは、過去の経験や記憶に基づいて形成される

＋ 〉〉 新しく作る UI などはメンタルモデルを考慮すると、直感的に使えるものになる

Webサイトへの応用

誰もが知っているWebサイトで形成済みの「メンタルモデル」を利用する

UIや機能を設計する場合には、ターゲットが多く利用している可能性の高い類似サービスで、シェア率の高いものを模倣するとメンタルモデルとの差異を少なくすることができる。その上で独自サービスなどでの差別化を図るのがいいだろう。

リアルな体験も「メンタルモデル」理解に役立てられる

今までWebサービスやアプリになかったものを実現するのであれば、実店舗などでのサービスの流れを参考に設計した上で、Webだからこそできる強みを加えていくといい。

デザインに活かす三箇条

- ◉ 〉〉 **ユーザーが形成するメンタルモデルを考えてUI・機能を設計する。**
- ◉ 〉〉 **年代などによってメンタルモデルが異なるので自身の感覚に頼り切らないように注意。**
- ◉ 〉〉 **メンタルモデルを考慮した上で独自の強みも考えよう。**

メンタルモデル | Mental Model

可読性尺度
読みやすい文章を書こう

KEY WORD

可読性尺度／ Readability

可読性とは文法の難しさや意味的な難しさ、文言の構造など複数の要素によって判断される。可読性尺度とは文章の読みやすさを数値化したもの。英文では Flesch-Kincaid 式や Flesch 式といった計算方法があり、その数値によって文章の読みやすさの難易度を測ることができる。

読める＝理解できるではない

まずは以下の文章を読んでみてもらいたい。

毒性を弱めた微生物やウイルスを使用。液性免疫のみならず細胞免疫も獲得できるため、一般に不活化ワクチンに比べて獲得免疫力が強く免疫持続期間も長い。

読み上げることはできただろうが、何のことを言っているかはよく分からなかったのではないだろうか。ちなみにこれは、Wikipedia の「ワクチン」の項に掲載された説明の一部なのだが、その分野に明るくなければ知らない単語が多くあること、何についての記述かの前提条件が分からないことが理解できない大きな原因だ。読める＝理解できるわけではない点は文章を扱う上の基本として肝に命じておきたい。

読みやすさを数値化する可読性尺度

可読性尺度とは文章の読みやすさを数値化する手法だ。そのひとつである Flesch-Kincaid 式では単語数、文字数、一文に含まれる単語の数などから文章の難易度をスコア化する。英文を対象にした点数による評価指数だが、日本語の読みやすさを検討するヒントにはなりそうだ。

Flesch-Kincaid 式では1センテンスあたりの平均単語数、1単語あたりの平均音節数に比例して文章の難易度が上がる。音節の多い単語＝難しい言い回しや専門用語とみなされているので、一文あたりの単語数と使われている単語が少なく平易な表現であるほど文章は簡単だと言えるだろう。

例えば次の文章を見てもらいたい。

(1) 今月の売り上げを Excel で集計してください。

(2) 今月の売り上げをパソコンに入っている表計算のできるソフトを利用して集計してください。

(1) の方が端的で分かりやすいと思う方が大半だろうが、「Excel」の意味が分からないだけで意味の分からない文章となる。そういった人にとっ

日本語の可読性尺度 (リーダビリティ) ツール

Web 上でも日本語文章難易度判別システム（http://jreadability.net/）といったものや、長岡技術大学の研究チームが公開している「日本語リーダビリティー測定」(http://readability.nagaokaut.ac.jp/readability) など、すでに公開しているツールを見つけることができる。

ては（2）の方が理解しやすいだろう。つまり読み手が理解できるレベルで要約した言葉を使い、なるべく少ない単語数で説明すると読みやすい文章になると言える。

＋〉〉「文章の読みやすさ」のことを可読性（リーダビリティ）という

＋〉〉 読みやすさは、文章で使われる言葉や文字数などで計る方法がある

＋〉〉 Webサイトでは適切なレイアウトや文章構成で読みやすさに配慮しよう

Webサイトへの応用

読みやすい文字数で折り返す心がけを

1行あたり40文字程度

親譲の無鉄砲で小供の時から損ばかりしている。小学校に居る時分学校の二階から飛び降りて一週間ほど腰を抜かした事がある。なぜそんな無闇をしたと聞く人があるかも知れぬ。別段深い理由でもない。新築の二階から首を出していたら、同級生の一人が冗談に、いくら威張っても、そこから飛び降りる事は出来まい。弱虫やーい。と囃したからである。小使に負

1行あたり60文字程度

親譲の無鉄砲で小供の時から損ばかりしている。小学校に居る時分学校の二階から飛び降りて一週間ほど腰を抜かした事がある。なぜそんな無闇をしたと聞く人があるかも知れぬ。別段深い理由でもない。新築の二階から首を出していたら、同級生の一人が冗談に、いくら威張っても、そこから飛び降りる事は出来まい。弱虫やーい。と囃したからである。小使に負ぶさって帰って来た時、おやじが大きな眼をして二階ぐらいから飛び降りて腰を抜かす奴があるかと云ったから、この次は抜かさずに飛んで見せますと答えた。（青空文庫より）

文章の内容ももちろんだが見え方でも心理的な読みやすさが変わる。1行あたりの文字数が多いと読みづらさを感じる人が多く、1行あたり40～50字くらいが最適と言われている。実は1行の文字数が長い方が読みづらさは感じても文字を読むスピードは速くなるという研究結果もあるのだが、この場合はユーザーの心証を優先した方がいいだろう。

総数	
文字数	8909
単語数	6559
文の数	656
段落数	648
平均	
1段落中の平均文数（適正値3～7文）	1.0
平均文長（適正値25～45文字）	13.5
句点の間の平均文字数	3.8
文字種	
漢字	63%
ひらがな	14%
カタカナ	11%
アルファベット	10%

Microsoft Wordの文章校正のオプションメニューで「文書の読みやすさを評価する」にチェックを入れると、読みやすさの評価を表示できる。平均文長や漢字、ひらがな、カタカナ、アルファベットの文字種ごとの割合も表示できる。

デザインに活かす三箇条

◉〉〉 文章の読みやすさは分からない単語が少ないほどいい。

◉〉〉 単語数の少ない文章は読みやすいが省略しすぎないよう注意。

◉〉〉 内容も重要だが見え方でも読みやすさ（にくさ）を感じる。

タイポグリセミア
なぜか読めてしまう文章

KEY WORD

タイポグリセミア / Typoglycemia

文章中のいくつかの単語で最初と最後の文字以外の順番が入れ替わっても正しく読めてしまう現象。誤植を意味する typographical error の「typo（タイポ）」と低血糖症の「hypoglycemia（ハイポグリセミア）」を組み合わせた造語。

認知能力の特徴と限界を知る

「こんちには みさなん おんげき ですか? わしたは げんき です。」

この文章が読めただろうか。大半の人が内容を理解したと同時に文字の並びが間違っていることにも気づいただろう。これはタイポグリセミアと呼ばれる現象で単語の最初と最後の文字があっていれば間の文字が入れ替わっていても単語として認識できるという現象だ。

これは人間が文字を扱ってきた中で手に入れた機能とも言える。逆に 1 文字でも誤字や脱字があったら文章が理解できなくなってしまうとしたらさまざまな問題が起きてしまうだろう。

最近の検索エンジンは進化しているので、多少の誤字脱字や漢字がうろ覚えの単語などを入力しても「もしかして〇〇」といった形で補完したり、「口コミ」と「クチコミ」を同じ意味の言葉として扱われるようになったりと利便性は高くなっているが、検索エンジンが登場したばかりの頃は送り仮名が異なるだけでも違う単語として認識されていたものだ。

こういったファジィな認識ができることは人間が得意な分野ではあるが、裏を返せば誤字脱字のない文章を書くことが難しいとも言える。何度も見直して送ったメールを後で見返してみたら誤字脱字に気づくという経験も少なくないだろう。

文字を扱う上ではこういった人間の能力の特徴や弱点を知っておくことが重要となる。

正しくは……

(誤) こんちには → (正) こんにちは

(誤) みさなん → (正) みなさん

(誤) おんげき → (正) おげんき

(誤) わしたは → (正) わたしは

DIGEST

+ ›› **人間は最初と最後の文字があっていれば途中が入れ替わっていても理解できる**

+ ›› **検索エンジンの進化によって言葉の揺らぎやよくある間違いも補完される**

+ ›› **文字を扱う上では人間の認知能力の特徴や弱点を理解していくことが重要**

Webサイトへの応用

― 原稿チェックはツールを最大限活用しよう

間違いがあっても補完して読めてしまうため、誤字脱字を見つけることや文章の差分を見つけることは人間の苦手分野なので、ツールを活用すべきだろう。

Word の校正機能。さまざまな観点で修正候補が提示される。

差分比較ツールでは、2つのファイルの差異を検出できる。主にソースコードの先祖返り防止などに利用するが、文章の差分も比較できる。

― 印象的な広告

見た目は変わっていないが中身を大幅にリニューアルしたという商品を、タイポグリセミア現象を用いた広告文を利用して、印象的な広告とした事例。

▶ https://prtimes.jp/main/html/rd/p/000000003.000034231.html

― デザインに活かす三箇条

- ◉ 〉〉 **人間は誤字脱字を見つけるのが苦手ということを認識しておく。**
- ◉ 〉〉 **意図的に利用して違和感を印象付けに利用した広告もある。**
- ◉ 〉〉 **誤字脱字や表記揺れなら認識はできるが読み手のストレスになるので注意。**

タイポグリセミア Typoglycemia

ジャムの法則
ユーザーが選びやすい選択肢の数とは

19

ジャムの法則／The Jam Experiment

シーナ・アイエンガーが実験によって見出した法則。試食できるジャムの数を変え、その後の購入率から消費者に最適な選択肢の傾向を導き出したところ6種類揃えた場合は30％、24種類の場合ではなんと3％と選択肢が多いと購入率が低くなるということを立証した。

選択肢は多いほど良いのか

選択肢は多ければ多いほど良いような気がするものだが、ジャムの法則によれば選択肢が多いと購入率が確実に低くなるという。いったい、これはどういうことだろう。

例えば、フレグランスを買おうと思った時に100種類の香りがあれば10種類の場合より、その中に好みの香りがある可能性は高いだろう。しかし現実的に100種類すべての香りを試すことは難しい。そこから無作為に10種類ほど試してみて好みの香りがあったとしても、よしこれを買うぞ！と決定できる人は意外と少ないのだ。

人は損をする選択を避けようとする傾向があるので、試していない90種類の中にもっと好みの香りがあったらどうしよう、買ったことを後悔するかもしれないと思い決心が鈍ってしまうのだ。では逆に厳選した3種類だけの選択肢にしたらどうだろうか。この場合も3種類くらいなら他にもっと良い香りがあるかもしれないと思い、決心はしづらくなる。

最適な選択肢の数とは？

まずこれは商品によって変化する。前述のフレグランスであれば数十種類あっていいと思うが、携帯電話のカラーバリエーションであれば3〜5色程度で十分だろう。選択肢の数は商品特性とユーザーのニーズを合わせて検討が必要だ。

ここで多すぎる選択肢となった場合は、選ばせ方が重要になってくる。これはマジカルナンバー（P.28）も関わってくるためユーザーが把握・理解できるようチャンク化することがポイントになる。ジャムの法則の実験で試された24種類のジャムもオレンジ系・ベリー系などとグルーピングされていたら結果も違っていただろう。

100種類のフレグランスでも爽やか系・リラックス系などと分類されていれば、すべてを試さなくても自分の好みでない系統は切り捨てられるので納得のいく選択をすることができる。さらに価格帯・利用シーン・人気ランキングなど複数の切り口をクロスさせることで100を超える選択肢でも選びやすくすることが可能だ。ほぼ無制限にラインナップできることがWebメディアの大きなメリットのひとつなので、この辺りは重要視するべきだろう。

選択肢を絞ったアップル製品

アップル社のプロダクトは製品数も少ないが、iMac、MacBook、iPadやiPhoneなどデザインはそれぞれ基本的に1種類のみしか用意されない。さらに色も1〜3種類と企業規模に反して極端に製品の選択肢は少ない。その理由は、生産コストが圧縮できることも当然あるが、ユーザーが何を買えばいいのか迷ったり、判断できないシチュエーションに陥るのを避け、購入を先延ばししないように練られたマーケティング戦略だとも考えられる。

チャンクとは

アメリカの心理学者ジョージ・ミラーが提唱した概念で人間が情報を知覚する際の「情報のかたまり（チャンク）」、あるいはその単位のこと。短期記憶では人は情報量が違うものでも7±2しか覚えられないことを発表した。

+ 〉〉 選べる選択肢が多すぎると購入率が下がることがジャムの試食実験で証明された

+ 〉〉 ジャムの法則では6種類では30％が購入するのに24種類では3％に減った

+ 〉〉 商品数の多いECサイトでは、ジャムの法則を意識したUIの工夫が必須

Webサイトへの応用

— ほどよい選択肢の数を「ユーザーに決めさせる」インターフェイス

該当件数を表示することで選択肢の数をユーザー自身で判断することができる。機能的にさまざまな切り口での絞り込みも重要だが品揃えに関する信頼感も必要となってくる。

選択肢の調整を提案する

選択肢が少なすぎるのも決心を鈍らす原因になる。選択肢が少なすぎる場合は回避方法を提案できると離脱防止となる。

 商品が少ない、と思ったら・・・

条件を広げて商品を見てみる

対象商品 **1,245** 件

検索した条件（太字が広げた条件）

【サイズ】　L　**M**

【プリント】　無地　**プリント**　**ストライプ**　**ボーダー**

【カラー】　白　**ターコイズブルー**　**ロイヤルブルー**　**ビビッドレッド**　**ワイン
レッド**　杢グレー　ライトグレー　**チャコールグレー**　ブラック
ビリジアン　ミントグリーン　ライトピンク　イエロー　クリーム
バイオレット　黒　紺

￥2,500 税込　￥1,500 税込　￥2,500 税込　￥1,880 税込　￥1,880 税込

￥2,500 税込　￥1,880 税込　￥2,500 税込　￥2,080 税込　￥2,500 税込

￥1,500 税込　￥2,680 税込　￥2,000 税込　￥2,500 税込　￥2,680 税込

1　2　3　4　…　83

デザインに活かす三箇条

- ◉ 〉〉　**選択肢の数は商品特性を考えて最適な数に。**
- ◉ 〉〉　**選択肢が多い場合はグルーピングして選択しやすく。**
- ◉ 〉〉　**インタラクションを活用して選択を補助しよう。**

心理学を考慮した
マーケティング

人間がものを買ってしまうのには
どのような理由があるのか

インターネット登場以前であれば、ものを買う時は、購買者の行動範囲にある店に足を運び、目の前に並んだ商品を比べ、対面接客において選択・購入することが多かっただろう。ところがインターネット全盛のいま、消費者の選択肢は広がった。また、物を手に取ることなく情報のみで比較検討し、通販に限らず保険やサービスなどまで Web サイトで購入や申し込みすることが増えている。そこで、自社の Web サービスが選択されるまでには、消費者にどのような心の動きがあるのか、基本的な仕組みを理解しておきたい。

消費者行動を理解する

購買意思決定プロセスの5つのステップ

マーケティングにおいて、消費者が商品の購入を決定し、破棄するまでの一連の流れは、一般に以下の5つのプロセスを経るとされている。

(1) 問題の認識、(2) 情報の探索、(3) 選択肢の評価、(4) 購買決定、(5) 購買後の行動（図）

少し広義だが、「(1) 問題の認識」の段階は、内面というより外部要因を伴い、ある刺激によって商品にニーズを感じるといったものも含む。例えば、友人が持っているものを見て、自分も同じものが欲しくなったというようなことも含まれる。

(1) ～ (5) のプロセスは常に完遂されるものではなく、さまざまな理由により途中で終了してしまうので、各プロセスで適切なアプローチをしていく必要がある。本章では、心理学の観点から各段階において、ユーザーを望む行動へと誘導しつつ、離脱を防ぐためのさまざまな手法を紹介していく。

購買意思決定モデル

① 問題の認識	外部もしくは内部からの問題の発生やモチベーションの発生

② 情報の検索	③ 選択肢の評価	④ 購入決定	⑤ 購買後行動
記憶や経験をたどったり、新しい情報を入手する段階	情報を集めて比較検討する段階	実際に、購入の決定をする段階	購入後に感じることや行う行動の段階（評価や破棄など）

人間の欲求レベル
生活状況によって異なる「欲しいもの」と「実現したいこと」

— **マズローの欲求五段階について**

人が何か行動をする根幹にはさまざまな欲求が存在する。この欲求を段階に分けて整理したアメリカの心理学者アブラハム・マズローの欲求5段階説というものがある（下図）。 これは人間の欲求を以下のように段階に分けたもので、下の段階の欲求が一定以上満たされると次の段階への欲求が生まれてくるとされている。

これをもとに、提供したいサービスや商品がどの欲求を満たすものであるかを認識しておくといいだろう。例えば同じ飲食であっても生きるために食べないといけない食事であれば第1段階の生理的欲求だが、SNS映えのする料理、人から羨ましがられるような高級店ということになれば、第4段階の承認欲求となってくる。

ちなみにマズローは晩年、第6段階として自己超越があると追加した。これは自身の利益やエゴなどを超越し他の人々をも豊かにしたいという欲求で、この段階に到達している人は全人口の2％程度だと言われている。

— **マーケティングに活かすには**

まずは提供したいサービスや情報などがどの段階の欲求に対するものであるかを把握して、その段階のターゲットにアプローチすることが第一だろう。自身の寝食が安定していない状況の人にリゾート地への旅行を薦めても見向きもされないことは明白だ。

また欲求にあわせたコミュニケーションにすることも重要となる。安全欲求の段階で住まいを探しているのであれば、そこに求めるのはステータスではない。むしろ安全性や安定性などを訴求するべきだろう。ターゲットと伝えるべき内容が決まったら、いかに自社のサービスや商品で欲求を満たしてもらうための動機付けが必要となる。その手法についてはさまざまあるので本章で紹介していく。

マズローの欲求五段階

5. 自己実現の欲求	自身が望むあるべき自分になりたいという欲求
4. 承認（尊厳）欲求	社会的に属した集団で他人から認められたい、尊敬されたいという欲求
3. 社会的欲求	会社や家族など何かに属し自分の役割を持ちたいという欲求
2. 安全の欲求	外からの脅威や経済面などに怯えることなく安心して暮らしたい欲求
1. 生理的欲求	生命維持のための食事や睡眠などの本能的な欲求

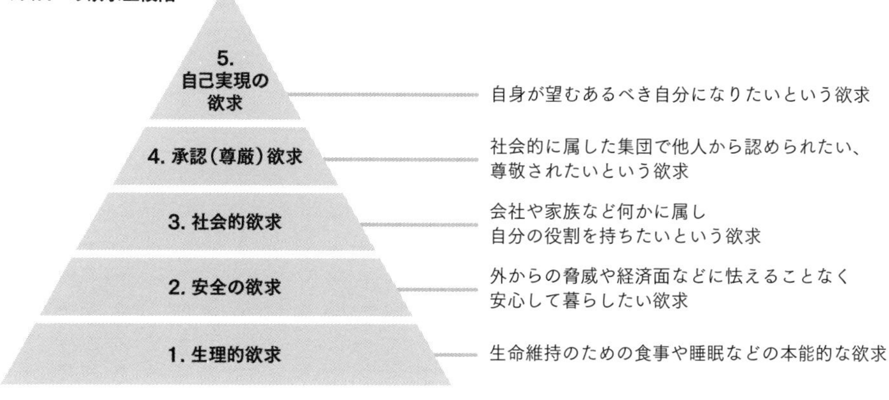

人が行動を起こす動機
動因と誘因を使い分けて行動へ繋げる

動機に応じて変わるコミュニケーション

人は欲求が生じたとしてもすぐに行動を起こすとは限らない。特に欲求の段階が上がるにつれ緊急性は減少していく。欲求はあるものの実現できずにいる状態は、自身を振り返っても思い当たることはあるだろう。ここで必要なのが「動機付け」だが、これは大きく分けて「動因」と「誘因」がある。

動因とは内面から発生する動機で「お腹が空いたから何か食べたい」といったもの。誘因とは外部からの刺激により発生する動機で「美味しそうな料理の写真を見てそれが食べたくなる」といったもの。動因、誘因どちらか一方でも行動は起こるが、両方が組み合わさるとその動機はより強固なものになる。お腹が空いている時に美味しそうな香りがただよってきた状況を想像すればイメージが湧くだろう。

お腹を空かせて飲食店に入ってきたお客さんに「よかったらそろそろ食事をしませんか」というコミュニケーションは不要だろう。しかしまだ食事をするか決めていない人に、「注文は何になさいますか?」というのも唐突だ。ユーザーの動機が「動因」なのか「誘因」なのかを見定めて、適切なコミュニケーションを取ることが重要だろう。

動機付けと、購買者の外的な問題の認識

「何かしなければ」と動機付けされることは消費者の購買行動の起点であり、「購買意思決定プロセスの5ステップ」(P.66) に当てはめれば「①問題の認識」に当たる。主に内面からわき起こってくる動機である「動因」はマーケター側からはあまり多くの影響を与えることはできないが、外部からのモチベーションである「誘因」は、消費者に影響を与える「準拠集団」(P.90) や「ハロー効果」(P.132) を使って与えることができる。

例えば、「婚約指輪は給料3か月分のダイヤモンド」という広告キャンペーンは準拠集団や誘因を利用して、根拠のない高価な指輪購入への潜在ニーズを植え付ける効果があったと言われている。また、「人と比べた時の自分の行動」(「ウェブレン効果」P.114) や、「失敗したくない・損をしたくない」という気持ちに訴えかける方法も多く見られる (「コンコルド効果」P.134、「プロスペクト理論」P.166)。欲求を行動へ移させる動機付けにはどのような手法があるかについても、本章で多く触れている。

動機付けの種類と具体例

動因
生理的な内的要因を重視する

・空腹になったので物を食べたい
(生理的欲求)
・冒険してみたい(探索)
・もっと見てみたい、知りたい(好奇心)
・遊びたい、動きたい(活動)

誘因
外的な欲求の対象の役割を重視する

・美味しそうなケーキがあるので食べたい
・成功して偉く見られたい
・失敗したくない、失いたくない
・競争に勝ちたい
・ご褒美がもらいたい

購買行動モデル
人はどのように購入に至るのかを理解する

— **時代とともに変わる購買行動**

消費者が商品を認知してから購入に至るまでのプロセスを購買行動モデルといい、時代や環境の変化に伴ってさまざまなモデルが提唱されてきている。ここではいくつかの代表的なモデルを紹介しよう。

— **1920年代に提唱された「AIDMA」**

1920年代に米国のサミュエル・ローランド・ホールが広告宣伝に対する消費者の心理プロセスを示したものだ。各段階の頭文字を取って「AIDMA」と名付け、注目（Attention）、興味（Interest）、欲望（Desire）、記憶（Memory）、行動（Action）の5段階とした。

約100年前に生み出されたものだが、この後に登場する多くの購買行動モデルのベースにもなっているので、まずは理解しておくべきモデルと言える。

AIDMA

A Attention 注目	I Interest 興味	D Desire 欲望	M Memory 記憶	A Action 行動
広告や店頭で 商品を認知する	商品に関心を持つ	その商品を 欲しいと思う	商品を記憶する	商品を店頭で 購入する

— **インターネットの登場後に提唱された「AISAS」**

インターネットの普及により、人の購買行動にも大きな変化が現れた。インターネットで検索すれば、店頭に足を運ばなくても商品ラインナップを把握し、機能から寸法に至るまで詳細な情報も知ることができる。また、比較サイトで1番安く購入できる店舗を調べることや、WebサイトやSNSで実際に購入した人のレビューやクチコミを見ることもできる。このインターネットの利用を考慮した購買モデルが「AISAS」「AISCEAS」である。

AISASは2005年に大手総合広告代理店の電通によって提唱と商標登録された行動モデルだ。インターネットの普及に伴い、興味・関心（Interest）の次の行動が検索（Search）となり、行動後に共有（Share）されるという点が特徴的だ。

AISAS

A Attention 注目	I Interest 興味	S Search 検索	A Action 行動	S Share 共有
広告や インターネットで 商品を認知する	商品に関心を持つ	商品をより深く 知るため インターネットを 検索する	商品を購入する	クチコミサイトや レビューを使い、 商品の感想を 人と共有する

マーケティング4.0時代の購買行動モデル

「近代マーケティングの父」と呼ばれているフィリップ・コトラーは、マーケティングは以下の4段階を経て進化を遂げてきたと述べている。

そして現代は2010年頃から始まったマーケティング4.0「自己実現」の時代となる。モノやサービスが溢れかえる時代の中で、人は商品の機能や性能だけではなく自分にとって、もっとも精神的価値のあるものを選ぶようになっている。そのような時代を捉えたモデルとして「DECAX」「ULSSAS」がある。

DECAXは2015年に電通によって提唱されたモデルで「発見」という消費者の能動的な行動が起点となり、そこから関係構築が始まっていくのが特徴的だ。また購買後にどのような体験になったかも重要となる。つまり商品の良さを伝えて納得してもらうだけではなく、販売する側の思いや姿勢、コミュニケーションを通して信頼や親近を得ることで購買に繋がり、購買後のコミュニケーションも含めた全体の体験として評価されシェアされる。

DECAX

ULSSAS は、デジタルマーケティングの支援を行うホットリンク社が提唱した購買行動モデルで、一連のステップではなく循環構造となっているのが大きな特徴だ。ユーザーによって生み出されるコンテンツ UGC（User Generated Content）に、いいね（LIKE）などがされることで多くの人の目に触れるようになり、そこに興味を持ったユーザーが SNS での情報収集、検索エンジンでの情報収集を経て購買に至る。そして拡散されてまた LIKE されるという循環が起きる。

ULSSAS

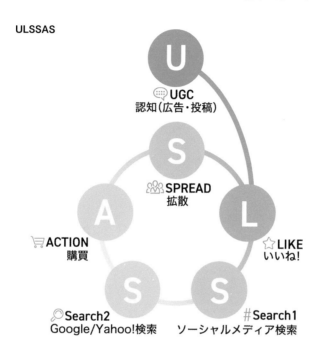

消費者行動の根幹は変わらない

現代の子供は LINE でグループを作り、授業中や帰宅後もコミュニケーションを取っているが、授業中にノートの切れ端に書いた手紙をまわしてみたり、部室に共有のノートがあったことに思い当たる世代もいるだろう。手段は変わっても友達と繋がっていたい、いろいろな出来事や感情を共有したいという点で、今も昔も私たちの行動の根幹は変わっていないのではないだろうか。

消費者行動モデルについても同じことが言える。環境が変化するに従って消費者が異なる行動を取るようになったように見えるが、その中心にいる消費者の「損したくない」、「満足のいく買い物をしたい」という点は変わらないはずだ。ツールや環境の進化で、数万〜数十万人に対して一度にアプローチすることは可能になったが、その先にいるのはあくまで人である。なので、テクノロジーに振り回されずに消費者をよく観察し、真摯に向き合うことが第一に重要である。その上で、技術の進歩によって昔より便利になったツールやコミュニケーション手法を活用することではじめて、より効果的なマーケティングが実現できるはずだ。

アンカリング効果
お得感はつくれる

20

Anchoring

アンカリング効果／ Anchoring

アンカリングとは、交渉の提案者が何らかの数値（アンカー）を先行して提示することで、交渉相手にフレーミング（枠付け）を与える行為。価格交渉では、アンカリングにより判断が歪められ、妥結額がアンカーに近づくという認知バイアスの一種。アンカーとは船を停止させるために水中に下ろす錨のこと。

根拠のない数字にも影響される心理

まずは図1の写真を見て、以下の質問に答えてみよう。

(1) このワインは 100 万円より高いと思いますか? 安いと思いますか?

(2) このワインはいくらでしょう?

(1) で高いと思った方は 100 万円以上、安いと思った方は 100 万円以下の金額を回答したのではないだろうか。無意識のうちに 100 万円という数字に影響されているのだ。もし (1) の質問を「10 万円より〜」と変えただけで (2) の回答は大きく異なる結果となる。

また、このような実験結果もある。「8 × 7 × 6 × 5 × 4 × 3 × 2 × 1」または「1 × 2 × 3 × 4 × 5 × 6 × 7 × 8」という計算を 5 秒以内に推測するという実験では、前者の方が大きい数が推測されるケースが多い。この計算式の場合は、先に見た数字の大小に推測値が影響されたのだ。

図 1

アンカーを設置してのお得感の演出

アンカー効果を利用した一般でもよく見かける手法が、【通常価格 9,800円 → 4,700 円】といった値引きのアピールだ。通常価格がアンカーとなり、とてもお得だという印象を与える。

また、この効果は金額以外の数字にも発揮される。例えば「1 週間以内に届きます」と言われたものが 3 日で届けば早いと感じるが、「翌日発送」と言われたものが 3 日後に届いても好感度には繋がらない。実際は翌日発送なので距離によっては妥当な日数ではあるが、やや遅いと感じてしまうだろう。

景品表示法に注意!

値下げして見せる手法には注意点がある。相場よりも高い定価を設定すれば大幅に値引いたように見せることもできるが、販売実績がなかったり、販売期間の短い金額を記載することは景品表示法で禁じられている。詳しくは消費者庁のホームページに記載がある。

二重価格表示
▶ https://www.caa.go.jp/policies/
policy/representation/fair_labeling/
representation_regulation/double_
price/

+ 〉〉 **交渉の際に提案者が提示する数値をアンカーという**

+ 〉〉 **アンカーが提示されると価格や数値決定の判断に影響する**

+ 〉〉 **アンカー数値が高ければ高い方へ、低ければ低い方へ金額が近づく**

Webサイトへの応用

― 価格の差を明示してお得感を演出

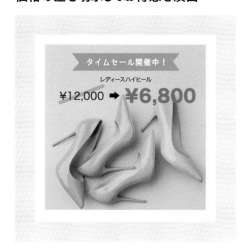

セールや販売価格において、定価や希望小売価格など比較できる金額があれば、それらを対比的なデザインで記載することでお得感を演出することができる。本文中でも述べたが二重価格表示にならないような注意は必要だ。

― 見せる順序によって与える印象も変わる

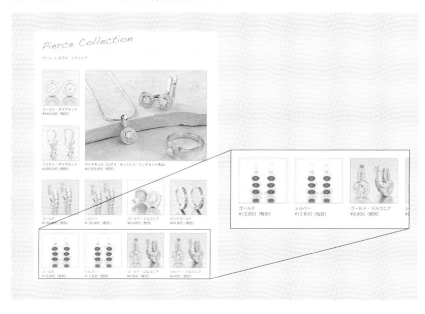

eコマースサイトなどで商品の価格帯が幅広いようであれば、高価な商品を先に見せた方がその他の商品をリーズナブルに感じさせることができる。また高価な商品を先に見せることでブランドイメージをアップさせる効果も期待できる。

― デザインに活かす三箇条

- ⊙ 〉〉 見せたい数字を効果的に見せる脇役を探してみよう。
- ⊙ 〉〉 すべての数字に効果を発揮するので金額以外も要チェック。
- ⊙ 〉〉 比較だけじゃなく見せる順番にも気を配ろう。

返報性の原理
情けは人の為ならず

KEY WORD

返報性の原理／ Reciprocity Principle

アメリカの社会学者ロバート・B・チャルディーニが『影響力の武器』の中で書いた、6つの影響力の原理の
ひとつ。人は、基本的に良い行いや振る舞いを受けると、それに報いる態度を取るなど、相手に返そうとする
傾向にある、という心理法則。

愛の告白は「付き合ってください」ではなく「好きです」がいい？

好きな異性に一世一代の告白。このような時は「付き合ってください」よ
りも「好きです」と伝えた方がいいというのだが、ここには返報性の原理
が働いている。「付き合ってください」は私に彼氏（彼女）という権利をく
ださいという印象になる。つまりギブアンドテイクでいえば「テイク」だ。

しかし「好きです」は（見返りはさておき）私はあなたに好意を寄せてい
ます、という印象になり、言われた方は自分に返せるものであれば何か返
してあげたいと思うのだ。拡大解釈すれば、いきなり交際を求めるより常
日頃好意をアピールし続ける方が、「ギブ」が増え、成功率も高くなりそう
だ。

返報とは？

人から受けた仕打ちに対して仕返しをする
こと。また、他人の好意に対して報いるこ
と（返礼）。

マーケティングに活用される返報性の原理

この原理はマーケティングの現場でもよく見かける。身近な例はスーパー
の試食コーナーだ。美味しい匂いにつられてもらった試食品を食べてし
まったら、何か買わないと悪いなという気になるだろう。この時にもらった
ものが十分な量だったり、何種類かの食べ比べだったり、価値が高いほ
ど何かで恩返ししないという気持ちは強くなる。

試食と同じ原理で、マーケティング施策では無料のものを豪華にすること
がポイントとなる。お金を払っていないのに「借り」ができることで、「恩返
ししなければ」という気持ちが起こるが、もしもそこに幾らかでも支払いが
発生していると、お金を払った対価と受け止めてしまい貸し借りが0の状
態になってしまう。とはいっても実際の施策で無料のプレゼントに莫大な
費用はかけづらいので、商品の再購入や客単価の向上など明確な目的
を設けて効果測定をすべきだろう。

返報性の原理はビジネスの本質

返報性の原理をビジネスに活かすには、
「人に価値を与えられなければ、ビジネス
は成り立たない」ことを肝に銘ずるべきだ
ろう。返報性の原理は「小さな投資で大
きなリターン」を狙うようにも考えがちだが、
実はビジネスの本質を突いた法則なのだ。

DIGEST

＋ 〉〉 **返報性とは何かを受け取った時にお返しをしなければならないと思う心理**

＋ 〉〉 **マーケティングでは返報の原理を利用して試供品やプレゼントが実施される**

＋ 〉〉 **試供品やお試しで期待以上のサービスを受けると、購入に繋がる可能性が高くなる**

Webサイトへの応用

— **期待を超える無料サンプルを送ろう**

無料とはいえ、ビニール袋に詰められたいかにも
な試供品ではなく、豪華な箱にサンプルとは思え
ない十分な量といった、いい意味で期待を裏切
るものを提供する化粧品メーカーなどがある。

ユーザーも「こんないいものなら貰いっぱなしで
は悪い」と、恩を返したいという気持ちにさせら
れる。

— **「サービス外」のサービスが感動を呼ぶ**

アメリカの有名通販サイト「ザッポス」(https://
www. zappos.com/) のコールセンターでは、
サイトで売ってもいないピザが欲しいという顧客
に近所のピザ店を調べて教えたという有名な話
がある。商品の丁寧や説明やマニュアル通りの
対応だけではなく、ユーザーが本当に望んでい
るものを考えて提供することで、その恩はいずれ
ユーザーから返ってくることになると考える成功例
だ。

— **デザインに活かす三箇条**

- ◉ 〉〉 **まずは見返りを求めずに自分が与えられるものを提供してみよう。**
- ◉ 〉〉 **サンプル商品こそ豪華にすることでユーザーの気持ちを動かせる。**
- ◉ 〉〉 **顧客を思っての行動は必ずプラスになる。**

カリギュラ効果
障壁が高いほどやる気が出る

カリギュラ効果／ Caligula Effect

カリギュラ効果とは、禁止されるほどやってみたくなる心理現象のこと。過激な内容のため、一部地域で公開禁止になった『カリギュラ』（1980 年、日本公開）というアメリカ・イタリア合作の映画が語源である。

誰もが経験したことのあるカリギュラ

子供の頃、「やってはいけません」と言われたことほどやってしまい、親や教師に怒られた経験はないだろうか。これは子供に限ったことではなく、禁止されるほどその事物に対する欲求が高まるという心理的な影響によるものだ。もちろん大人の方が子供よりは自制はできるだろうが、禁止によってそのことが余計に気になったり、欲求が高まることは間違いない。

例えば雑誌などでよく見かける「袋とじ」もこの効果を利用したものだ。立ち読みでこれを開けるわけにはいかないので、どうしても見たければ購入するしかない。

効果抜群だが諸刃の剣でもある

カリギュラ効果は「○○ではない人は絶対に読まないでください」などの広告コピーにも日常的に応用されているが、せっかく Web サイトで利用するのであれば機能的に活用したい。例えば会員登録をしないと見られない、「いいね」ボタンを押さないと見られない、といった障壁を設けることで、ユーザーの欲求を刺激することが可能になる。

しかし注意したい点もある。カリギュラ効果によって高められた欲求は、禁止されたものを見たいというものなので、当事者は決して会員になりたかったり、SNS に投稿したかったわけではない。そのため、目的達成後にすぐ退会したり、投稿を削除したりという可能性が高まる。さらに障壁を乗り越えた上で得られた情報が期待外れだった場合は、高まった期待の分だけ不満をもたれるだろう。

人間の性を利用した施策は効果抜群だが諸刃の剣でもあるので使いどころには特に注意を払いたい。

心理的リアクタンス

「カリギュラ効果」は学術的な用語ではないが、映画を語源とするなど話題に上りやすいため紹介されることが多い。学術的な用語としては「心理的リアクタンス」と言われる。個人の選択的自由が脅かされた場合に自由を回復しようとする反発作用のことをいう。

+ 〉〉 **人間には「ダメ」と言われると、ついやりたくなってしまう心理がある**

+ 〉〉 **「禁止」というハードルを設けることで購入や会員登録などの動機になる**

+ 〉〉 **ハードルを越えさせた結果、期待外れだったユーザーは不満を持つことに注意**

Webサイトへの応用

― カリギュラ効果を狙ったコピーを使う

「見ないでください」という禁止と、「痩せたくない人」という二重の禁止で、減量したい人にとって重要な情報がありそうだ、という期待を高めている。センセーショナルで効果があるキャッチコピーの使い方だが、リンクを開いた先のギャップがありすぎると、クチコミなどの評判に影響することも留意したい。

― 「見るための障壁」をユーザーに望むアクションにする

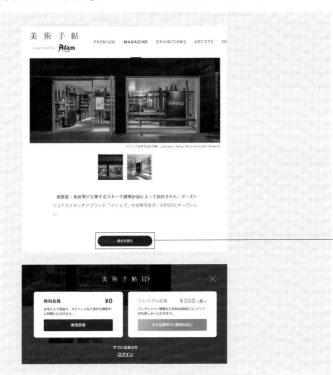

続きを読むことを禁止されることでその先を見るためのハードル（この場合は会員登録）を越えたいと感じさせる。ただし何が得られるかが分からないと行動に至らないので、「実際の研究データはログイン後に見られます」など、ユーザーが得られる情報を明示することもポイントだ。

▶ https://bijutsutecho.com/

記事の後半は会員ユーザーだけが読める仕組みで、ユーザー登録を促す。さらに大きなキャンペーンバナーや、ページ全体に被さるダイアログなどを表示する例もある

― デザインに活かす三箇条

- ◉ 〉〉 禁止されるほどにやりたくなる人の性を利用する。
- ◉ 〉〉 やりすぎは禁物。ユーザーの期待に応えられないと逆効果となる。
- ◉ 〉〉 あくまで入口の施策なのでその後のフォローも重要。

エスカレーター効果
印象に残すための違和感を演出

23

KEY WORD

エスカレーター効果／Broken Escalator Phenomenon

エスカレーター効果は、止まっているエスカレーターを登る（降りる）時に感じる違和感のこと。壊れたエスカレーター現象とも呼ばれる。エスカレーターが動いていないことは認識していても、潜在的な意識が普段エスカレーターに乗る時の感覚を覚えていて微妙なバランス調整をしようとして起こる。

違和感は悪いことではない

サービスを利用させる立場では、利用者に違和感を抱かせることはできれば避けたいと感じるかもしれないが、違和感を起こすことは悪いことばかりではない。例えば「不良がお年寄りを助けていた」というのは、いい例だ。見るからに好青年では印象は良くても、記憶には残らない。

いい意味で期待を裏切ろう

違和感をサービスに取り入れる場合は、いい意味で期待を裏切るということがポイントになる。例えば「100円のコーヒーを買ったらすごくいい豆で美味しかった」「営業マンに商品を売り込まれるかと思ったらあなたにはオススメしませんと言われた」などが挙げられる。そのようなことをしたら利益が出ないと思うかもしれないが、100円コーヒーが来店動機になったり、営業マンとして信頼度が上がれば長い目ではプラスに働くことも多い。驚きの体験はSNSなどにシェアされやすいので二次的な拡散も期待できる。

意図していない違和感には注意

下線の引かれたテキストやバナーのように見える画像など、クリックできると思ってクリックしたのに何も反応が起きなかった、という経験がある方もいるだろう。デザイナーは別の意図があってそのようなデザインにしているかもしれないが、すでにWebのアフォーダンス（P.26）として確立しているものに別の意味を与えることは避けるのが得策だろう。違和感を伴うだけでなく、ユーザーがサイト利用において混乱しかねないからだ。

エスカレーター効果の原因は?

私たちの脳の中には「自動的に判断する脳」と「意識して判断する脳」が存在する。「自動的に判断する脳」のおかげで、例えば自転車に乗る方法や、人の顔を見るとその表情からその人が怒っているか笑っているかなどの感情を瞬時に読み取ることができる。意識上は止まっていると理解していても壊れたエスカレーターでバランスを崩してしまうのは、人間がエスカレーターでバランスを取るコツは、「自動的に判断する脳」がコントロールしている部分があるからだと考えられる。エスカレーターについての自動判断には視覚が大きく関わっている可能性があり、五味裕章の行った実験では、エスカレーターの段に覆いをかけるかどうかだけでエスカレーター効果が起こったり、起こらなくなったりしたという報告がある。

▶ http://www.ntt.co.jp/journal/1202/files/jn201202026.pdf

DIGEST

+ 〉〉 違和感を抱かせることで、相手の記憶に強く刻まれることがある

+ 〉〉 想像通りの反応をしないことで、相手の期待をいい意味で裏切ることができる

+ 〉〉 期待を裏切ることを想定したナビゲーションを作る際は使い勝手に要注意

Webサイトへの応用

― ## インターネットだからこそ、人の温度感を出す対応を交える

インターネットで物を買うことに抵抗のある人は減ってきてはいるだろうが、生身の人間と接触することなくすべてが完結するので、手書きの手紙が同梱されていただけでも印象深い出来事となる。

― ## デザインで演出する違和感

Web サイトのようにクリックしたらリンク先に飛ぶのではなく、左右に指をスワイプさせることでページがめくれるといった UI 効果は、いい意味での違和感として記憶に残るだろう。

ただし誰も見たことのないような挙動をするインターフェイスでは誰にも使い方が分からない可能性があるので、新しいインターフェイスの開発では、Web 以外のアフォーダンス（P.26）を取り入れるといい。

図は、iPad 版 Kindle のインターフェイス。

― ## デザインに活かす三箇条

> ◉ 〉〉 **気持ちのいい違和感とはいい意味で期待を裏切るということ。**
>
> ◉ 〉〉 **奇をてらいすぎてユーザビリティを損なわないように注意。**
>
> ◉ 〉〉 **まるで違うではなくいつもとちょっと違うくらいがいい。**

バイヤーズリモース
購入後に必ず訪れる不安

24

KEY WORD

バイヤーズリモース／ Buyer's Remorse

何かを買った直後に感じる不安のこと。商品の品質とは関係なく「本当にこの商品でよかったのか」「他にも検討の余地があったのではないか」と考えるようになる傾向。難しい行動を選択しなければならない局面において人間が抱く、認知的不協和による効果ではないかと考えられている。

検討、決断の後に必ず訪れる不安

部屋を借りようと不動産屋に行き、希望の条件を伝えて何軒か内見をし、吟味して決めたはずなのに契約をした途端に本当にこの物件でよかったのかなと不安になる。もしくは車の購入、ジムの契約、化粧品の購入など。そのような経験はないだろうか。もちろん入居直後は新しい環境にテンションが上がるが、それでもふとこれでよかったのかと不安がよぎる。

さらに不安が大きいと解約や返品といった行動にまで発展してしまうこともある。ただ多くの場合、購入者は解約や返品がしたいわけではなく不安から解消されたいだけなので、別の手段で不安を取り除けば解約や返品などに至る可能性は下がる。

実はリピーター獲得のチャンスもあるバイヤーズリモース

不安を取り除くには、先輩購入者の姿を見せてあげることが効果的だ。その家や車を購入してどれだけ生活が豊かになったか、化粧品やサプリメントで効果を実感できたのかなどが分かれば購入後の不安は期待に変わる。

また、このタイミングはリピーター獲得の大きなチャンスでもあるのだ。新しい商品に乗り換えようとすればまた後悔するかもしれないという不安が訪れるが「この決断は正解だったのだ」と思えた商品であれば次回購入に不安はなくなる。会社として信頼してもらえれば他の商品も買ってもらえる可能性も高くなる。

「衝動買い」では葛藤が少ない？

散々悩んで比較して購入を決めた際に訪れるバイヤーズリモースだが、衝動買いの場合には発生する率が低いという傾向がある。その理由としては、もともと衝動買いタイプの人が商品に対して抱く期待値が低いことや、購入した商品そのものに対して不満を抱くというよりは衝動買いをした自分に責任の一端を担わせるからではないかと考えられている。

DIGEST

＋〉〉 **購入後に商品の良し悪しに関わらず訪れる不安をバイヤーズリモースという**

＋〉〉 **バイヤーズリモースは商品の良し悪しに関係なく起こり返品や解約に至ることがある**

＋〉〉 **購入者の抱く不安を率先して取り除くことでバイヤーズリモースを軽減できる**

Webサイトへの応用

― サンクスレターで感謝の気持ちを伝える

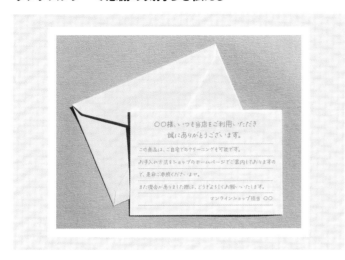

「購入ありがとうございました」と電話でもメールでももらえればこの会社を選んでよかったと思えるはずだ。すべてのお客様に直筆、オリジナルは難しいだろうが、少なくとも文面は社長や担当者がきちんと考えて書いたものにする、お客様が買った商品に触れるなどなるべく1to1のやりとりに近づけることがポイントだ。

― お客様の声や事例を用意して「背中を押し」「後悔を防止」する

これは購入後のお客様にも効果的だ。特にすぐに効果の実感しづらい健康食品・化粧品などは、効果を実感できたお客様の事例や感想を見せてあげることで続けるモチベーションにも繋がる。

― デザインに活かす三箇条

- ◉ ›› 購入後の不安は必ず訪れるので安心材料を提供しよう。
- ◉ ›› この会社（お店）を選んで良かったと思えるアフターコミュニケーションを。
- ◉ ›› 先輩利用者の事例は安心材料なので積極的に集めて発信しよう。

アンダードッグ効果
負けている方を応援したくなる心理

KEY WORD

アンダードッグ効果／Underdog Effect

立場の弱い人や状況的に不利なのに頑張っている人に同情し、応援したくなる心理。判官贔屓（ほうがんびいき）ともいう。バンドワゴン効果（P.108）とは逆の現象。語源がどこから来たのかは定かではないが、1948年のアメリカの選挙で使われたという説がある。

なぜ高校野球は感動を呼ぶのか

開催中は毎日ニュースにも取り上げられ、多くの感動を呼ぶ高校野球。単にレベルの高いプレーを見たいのならプロ野球やメジャーリーグを見ればいいだろう。しかし高校野球にはそこにはない感動がある。これはよく見ればまだあどけない高校生が全力で走り、声を出しプレーするその姿が応援したくなる心理を呼び起こして感動を呼ぶのだろう。

また、選挙で立候補者が自転車などで駆けずり回っているのもこの効果を引き起こす。高級外車から優雅に手を振っているだけでは応援しようとはならないだろう。

同情を誘うより努力を見せる

コンビニで大量のプリンが売られている画像がネットで拡散していたことがある。そしてそこにはこう書かれていた。

「発注ミスで大量に入荷してしまいました。割引するので助けてください」

この画像とともにお店の所在地などがシェアされていたが、その多くは応援だった。これはミスであることを認めた上でお客さんに助けを請うという姿勢への同情と好感によるものだろう。

ただ、人的ミスを戦略的には行えないので、活用するのであればどれだけの試作品を経て発売にこぎつけたかなど、努力する姿を見せることだ。頑張ったことをアピールするのは気恥ずかしさもあるかもしれないが言わなければ伝わらない。

判官贔屓効果

「アンダードッグ効果」は日本では「負け犬効果」と直訳されていたが、意味的に誤解を生む可能性もあるため、選挙で不利な報道をされた候補者に票が集まり、結果選挙で勝利するという意味の「判官贔屓効果」として説明されている。

DIGEST

＋ ›› 勝っている方より負けている方を応援したくなる心理をアンダードッグ効果という

＋ ›› 「助けて欲しい」といった助けを求める声に、支援してくれる人は実は多い

＋ ›› 敗者だけでなく自分より若い、経験の浅い人が頑張っている場合もこの効果は起こる

Webサイトへの応用

商品の開発過程をSNSで発信する

試作品の仕上がりや、制作の過程や苦労などを発信していく。短尺動画を活用することで、ユーザーとの接触回数を増やすことができたり、ユーザーもいいねやシェアという形で気軽に応援の気持ちを示すことができる。また、ストーリー性を持った動画にすることで「ストーリーテリング」（P.164）の効果もはたらく。

Webサイト上に新人スタッフを登場させる

運営者の顔が見えないWebだからこそ実際の人を登場させよう。店長でもいいが、新人スタッフを登場させて仕事を覚えていく様をリアルに配信するのも効果的だろう。新人スタッフが初めて手がけた商品が販売された時はきっと多くのお客様が買ってくれるはずだ。

デザインに活かす三箇条

- ⊙ ≫ 一生懸命頑張る過程を見せてお客様に応援してもらおう。
- ⊙ ≫ 本当に困ったら素直に助けを求めることも効果的。
- ⊙ ≫ 作られたストーリはNG。着飾らずリアルであるほど効果的。

ピグマリオン効果
人のモチベーションをあげる方法とは?

26

KEY WORD

ピグマリオン効果／ Pygmalion Effect

アメリカの教育心理学者、ローゼンタールが 1964 年に発表した効果。教師が期待をかけるように接した生徒とそうでない生徒で成績の伸びに違いが見られたことを実験によって発見した。このことから、外部からの期待値が他人に影響を及ぼすと考えられる。「ピグマリオン」とはギリシャ神話の登場人物。

やっぱり人は褒められた方が伸びる!?

よく「○○は褒められると伸びる・叱られると伸びるタイプ」などと言われるが、この本質はきっと「期待されると伸びる」だろう。

叱られて伸びるのは期待値の表れとして上手に叱られているのだろう。単に怒られたり、否定されたりしても人は伸びることはないのだ。ちなみに失望や批判をされることでモチベーションが下がったり実力以下の結果しか出せなくなることはゴーレム効果という。

マーケティングでは誰を褒める?

ピグマリオン効果自体は仕事やプライベートの人間関係や自身のモチベーション管理でも活用できるが、マーケティングの中で誰に期待を伝えるかとなれば顧客だ。例えば英会話教室であれば生徒を Web サイトや広告で紹介してみる。目標としていた資格が取れたことや、さらに上を目指せることなどを期待を交えて伝えると、受講を検討している人たちへの PR になるだけでなく、実際に紹介された受講者はモチベーションがアップし、さらにレベルアップするだろう。そしてそれは教室の実績にも繋がるのでまさに Win-Win だ。何かソリューションを提供する会社であれば、導入事例などで活用してみよう。

また診断コンテンツなどにも有効だ。診断をして「あなたは○○タイプ」とすることでユーザーに期待した行動を促す効果が期待できる。

ピグマリオン神話とは?

現実の女性に失望していたピグマリオンは自分で彫った彫刻の女性に恋をしてしまう。食事を用意したりプレゼントをしたり、ついには妻と呼び愛した。そしてその祈りが美の女神アフロディーテに届き、彫刻には命が吹き込まれ本当の妻として一緒に暮らすことができたという神話。

ゴーレム効果

ピグマリオン効果と正反対の逆の効果。人に対して悪い印象を持ち続けることで、実際よりも悪影響の方が勝って現実になること。ユダヤの伝説にあるゴーレムという呪いの泥人形が額の札を取ると、ただの泥人形に戻ってしまうということが由来。

DIGEST

+ ›› ピグマリオン効果とは、期待をかけられるとモチベーションが上がるという人の心理

+ ›› 失望や批判をぶつけることでパフォーマンスを下げることはゴーレム効果という

+ ›› マーケティングでは顧客に目標を与える、表彰することなどで「期待」をかけられる

Webサイトへの応用

― 成功者の声を発信してWin-Winの関係に

資格取得・目標達成などのユーザーの声を発信する。各個人の努力を讃えるだけでなく、読んでいる人たちへの期待をメッセージとして込めてモチベーションを上げていくこともポイントとなる。

― 診断コンテンツの活用で行動を促す

SNSやウェブサイトのコンテンツとしては定番人気の「診断テスト」。いくつかの質問をした後に「あなたは〇〇タイプです」というお決まりのスタイルのものだ。

こういった診断テストは、ユーザーを楽しませる内容にしやすく、どのような結果でも悪い気はしないだろう。さらに診断結果次第で、ユーザー自身は無意識のうちに期待を掛けられた状態になる。例えば「〇〇タイプの方にオススメのプラン〜」などといった形で商品やサービスをすすめるのがひとつの手だ。さらに、SNSと連携させることで拡散も期待できる。

― デザインに活かす三箇条

- ◉ 〉〉 サービスの期待値を上げることで顧客のモチベーションをアップ。
- ◉ 〉〉 顧客のモチベーション向上と実績の拡大でWin-Winの成果を出そう。
- ◉ 〉〉 否定や批判はもちろん逆効果なので比較サイトやレビュー対策を忘れずに。

宣言効果
宣言することで変わる行動

宣言効果／Goal Setting

宣言効果とは、目標などを言葉などとして発信することで、言ったことを守らないといけない、という心理が働くことや、それが潜在意識に刷り込まれることで、その目標が実現できると思えてくるといった効果。学習能力向上や成果達成のために目標を設定することの具体例のひとつと言える。

言葉は人を作る

将棋界の第一人者でもある羽生善治さんは、とあるインタビューで「言葉は人を作る。だからこそ、口に出す言葉はよく考えて大切に」を信条としていると述べていた。ポジティブな発言は前向きな気持ちになるが、嫌なことをやりたくないと口に出していれば本当に嫌になってくるし、人を悪くいえばどんどん嫌いになっていく。誰しも心当たりがあるだろう。

お客様に宣言してもらおう

言葉にすることは行動に繋がりやすいので、商品について発信してもらうきっかけを作るといい。例えば商品の感想を SNS に投稿すると参加できる懸賞やクチコミを書くことでポイントがもらえるなど。宣伝として効果があることはもちろんだが、それを発信したお客様は商品の良さなどを発信することで自身の意識にも強く刻まれ、商品やサービスのファンになってくれる可能性が高くなるだろう。

またダイエットやトレーニングなど、消費者自身の実践が重要なサービスであれば目標の宣言や成果の可視化も重要だ。記録するシートやアプリなどを提供し、実現を後押しすることでこの商品・サービスで成功したという体験にも繋がる。

SNS で発信させる内容とは？

何らかのインセンティブと引き替えに SNS で拡散を狙うプロモーションが一般化してきているが、その内容にも目を向けておこう。誰しも、SNS に何かを発信する時は何かの感情を共有したかったり、承認欲求があることなどがきっかけになる。通好みのファッションブランドや会員制のレストランなどについては発信したい人も多いだろうが、コンプレックス商材の購入を発信したい人は少ない。SNS を活用する際は商材との相性などを考慮すべきだろう。

+ 〉〉 ここでの「宣言」とは、目標やタスクを決め、それを口に出したり紙に書く行為のこと

+ 〉〉 書かれた目標を壁に貼って毎日見たり、人に話したりすることで実行に移しやすくなる

+ 〉〉 クチコミやレビューで可視化されることで、支持が強まると期待される

Webサイトへの応用

― SNSを活用したキャンペーンで「宣言」させる

応募や購入と同時に SNS に投稿できる ASP などもあるので活用したい。ソーシャルログインで入力の手間を省くことで、利用者の利便性向上も図れる。

― ダイエットサイトなど、ユーザーが目標を宣言&管理できる環境を提供

ダイエット商材など継続が重要なものはレコーディングする機能やアプリなどを用意するのも効果的だ。ユーザーが「宣言」しながら続けることで結果的に成功し、満足度も上がる。

― デザインに活かす三箇条

⦿ ⟩⟩ 欲しい・使ってよかったなど発信できるきっかけを作ろう。

⦿ ⟩⟩ お客様の宣言は新規顧客への宣伝にも活用できる。

⦿ ⟩⟩ 言葉を発信してもらうことでユーザーを活性化させよう。

認知的不協和
矛盾を嫌う人間の心理

認知的不協和／ Cognitive Dissonance

自分自身や環境に対する知識・意見・信念のことを「認知」とし、自分の中に矛盾する認知があると、不快感や心理的な緊張が生まれることを認知的不協和と呼んだ。またその不快感を解消するために、人間は自身の態度や行動が変容を起こすと考えた、レオン・フェスティンガーが提唱した理論のこと。

タバコは体に良い?

認知的不協和とは矛盾する事柄から逃れようと思考や行動を変えることで、喫煙者が抱くことが多い、次のような例が分かりやすい。

「1. タバコは体に悪い」 しかし 「2. 私はタバコを吸っている」

このふたつの事実に向き合った時に自分は体に悪いものを吸っているという理解は受け入れがたい。そこで思考や行動を変えようとする。例えばタバコをやめれば、

「1. タバコは体に悪い」 故に 「2. 私はタバコを吸っていない」

となり矛盾がなくなった。しかし、どうしてもタバコをやめられない人もいるだろう。この場合は

「1. タバコは体に悪い」 しかし 「2. 私はタバコを吸っている」

しかし 「3. 私はタバコが好きなので禁煙してまで長生きしたくない」

と、3. の思考を足すことで矛盾から逃れたりする。他にも「タバコと寿命の因果関係はない」「吸えないストレスの方が体に悪い」などと考える人もいるだろう。

心の中に沸く不協和をWebマーケティングで活用する

認知的不協和の活用法はふたつある。ひとつは不協和を起こさせないこと。例えば「ものすごくいい商品なのに異常に安い」といった商品を見つけた場合に、人は矛盾を解消するために「何か欠陥があるに違いない」などと思い、購入を踏みとどまってしまう可能性がある。それを避けるためには適正な値付けをするか、「いい商品が格安」だけど「型遅れ品である」など、矛盾を解消できる説明をしてあげることが必要だ。

もうひとつは不協和を起こさせる方法。これはバナー広告やメールマガジンなどでユーザーの興味を引く時に効果的だ。例えば「痩せる秘訣は好きなものをたらふく食べること!」のようなコピーを見たら、認知的不協和に陥るだろう。そして解消するための情報を探すはずだ。もちろんその後に納得いく情報や商品やサービスのPRが必要だが、広告などに目を留めさせるという点ではひとまず効果を発揮する。

レオン・フェスティンガー

1919 年 -1989 年。アメリカ生まれの社会心理学者。認知的不協和理論と社会的比較理論を提唱したことで知られる。認知的不協和理論について書かれた著書の日本語訳では『予言がはずれるときこの世の破滅を予知した現代のある集団を解明する』(1995, 勁草書房) がある。

+ 〉〉 自分の中に認知の矛盾があると自分の行動を変えて矛盾から逃れようとする

+ 〉〉 不協和を解消できない時に、新しい理屈や理由を追加して矛盾から逃れようとする

+ 〉〉 行動を変えるのが困難な場合は思考を変えて、正当化する

Webサイトへの応用

— **セール上で認知的不協和を起こさせない工夫**

「いいものは高い」というのはユーザーの安心感でもあるので不用意に崩してしまうことは避けたい。安く売るのであれば納得できる理由づけが必要。

— **認知的不協和を起こして注目を集めるキャッチコピー**

「好きなものが食べられるダイエット法」

「寝ているだけで1万円！」

「ダイエットは我慢」「稼ぐためにはいっぱい働かないといけない」といった一般的な価値観を崩壊させるコピーには違和感を抱き、それを解消したいと思う。

— **デザインに活かす三箇条**

◉ 〉〉 興味を惹きつけたい場合は違和感を抱かせるコピーで。

◉ 〉〉 違和感を解消させることで納得と安心感を与える。

◉ 〉〉 極端に良すぎる条件は懐疑心を生むので理由づけを。

準拠集団
どうしても人の目は気になってしまう

KEY WORD

準拠集団／Reference Group

人間の行動などに強い影響を与える集団。家族、地域、学校、職場など身近な集団だけでなく、将来所属したいと考える集団や、想像上の人物も準拠集団になりうる。1940年代に社会学者・心理学者のハイマンによってはじめて提唱された。消費行動に影響する考え方としてマーケティングにも応用されている。

世間の声をものともしない若者の心理

渋谷や原宿などを中心に若者には、いろいろな流行があった。「アムラー」やルーズソックス、厚底ブーツなどのファッション、さまざまな若者言葉と言われるもの。今振り返ってみたら気恥ずかしいものもあるだろうが、当時は周りの大人に「そんなファッションのどこがいいのか」と言われても気にならなかっただろう。しかし、周りの目を気にしなかったかというとそうではない。友達や同年代の評価、憧れの有名人の言葉などには大きく影響されたのではないだろうか。

これは準拠集団と言われるもので、準拠集団内での声や評価には大きく影響されるが、それ以外からの目はあまり気にならないのだ。つまり同年代の流行りのファッションに対して親などに何を言われても何とも思わないのだ。

購買心理にも影響を与える準拠集団

ブランド物の購入にはこの準拠集団が大きく影響する。それぞれ好きなブランドはあると思うが、どんなに高級なブランドでも自分の周りの人が全く知らないブランドを愛用したいと考える人は少ない。部活などでサッカー部と野球部とバスケ部の中で人気のスポーツメーカーが異なるのもそれによるものだ。また、みんなが持っているようなブランドは持ちたくないという思考もある意味、準拠集団に影響されていると言えるだろう。

また準拠集団は自身が所属している集団だけではなく、そうなりたいと望む集団（間接的準拠集団）の場合もある。例えば「セレブモデル御用達ブランド」などという謳い文句はそれらに憧れる準拠集団に影響を与える。

ハーバート・H・ハイマン

1918-1985。アメリカの社会心理学者。世論調査を専門とした。1942年ごろから47年にかけてアメリカ政府で各種の世論調査や社会学的調査などにあたった。公式にハイマンが「準拠集団」という用語を使ったのは1942年のこと。ハイマンは世論調査に関する著作を4冊著しており、日本語に翻訳されたものでは、『地位の心理学』(1992年，巌松堂出版)がある。

間接的準拠集団

自分が直接所属している集団ではないが、間接的な意味で準拠するグループ。将来なりたい職業や、憧れのセレブ、博識な専門家など。

DIGEST

+ >> 家族や友達など、人間の行動や態度に大きな影響を与える集団を「準拠集団」という

+ >> 若者が同世代の流行に従うことなどは、準拠集団理論の現れと言える

+ >> 自分が属しているだけでなく「憧れ」の対象なども間接的な準拠集団である

Webサイトへの応用

── クチコミは、発信者を明確にしてこそ効果が上がる

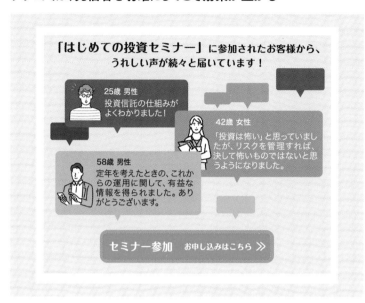

たとえ良い評価のクチコミがもらえても、発信者が誰なのか分からないのでは効果半減だ。評判を伝えたいターゲットの準拠集団を考慮してクチコミを集めよう。

個人情報が公開できなくても、年齢や職業を明確にしたり、「私にとても近い立場の人間だ」と思わせたりするように発言の中に情報を盛り込んでおくといい。

── 憧れの対象である「間接的準拠集団」でユーザーの興味を引く

間接的準拠集団とは、自身は所属していないがそうなりたいと望む集団や将来所属するような集団のこと。まだ広く知られていないブランドなどは、これを効果的に使いたい。

例えば「人気モデルも通う」や「人気シンガーの〇〇さん御用達」といったキャッチフレーズは、人気モデルや芸能人に憧れる層に強くアピールする定番の施策だ。またイメージキャラクターの選定にもこれを考慮することが重要となる。

── デザインに活かす三箇条

- ⊙ ›› **友達、同僚の声・評価は大きな影響を与える。**
- ⊙ ›› **自分がそうなりたいと望む集団も準拠集団となる。**
- ⊙ ›› **集団外からの評価は届きづらいのでターゲットを間違えないように。**

リフレーミング
言葉の魔術で印象を180度転換

30

Reframing

リフレ―ミング／Reframing
ある枠組み（フレーム）で捉えられている物事の枠組みをはずして、違う枠組みで見ることを指す。元々は、家族療法のひとつで、ある事実を別の視点で捉え直して考えてみようとすることで、家族や環境への認知を改善しようという認知行動療法。

言い方ひとつでネガティブがポジティブに

リフレーミングの一番分かりやすい例が、「あと10分しかない」「まだ10分もある」だろう。同じ10分なのに与える印象はだいぶん違う。

リフレ―ミングをマーケティングに活用した例は多くある。例えば広告コピーに応用すれば、ユーザーがネガティブに考えていることを逆にメリットとして感じてもらったり、自社の弱みを強みとして伝えたりすることができる。

例えばサプリメントを「1日ジュース1本分の健康習慣」と言うのと、「月に4,000円の健康習慣」と言うのとでは、前者の方がより手軽に感じてもらえるのではないだろうか。

また、小規模なために質は良くてもスピーディな対応が難しかったり、サービスエリアが限られたりする中小企業でも「当社の強みは家族のような親身なサービス」などと謳えば、大手に勝る強みと感じてもらえる効果がある。

リフレ―ムする基準がなければ作ってしまおう

もうひとつの活用ケースは、サービスの比較に明確な基準がない場合。例えば冠婚葬祭や弁護士への相談、ホームセキュリティの設置など。日常生活の中でそう何度も訪れる機会ではないので、どういった基準で選んでいいのか分からないケースが多いだろう。

このようなケースはどうしても値段で比較されがちなので、「失敗しない〇〇の選び方」といったコンテンツを作成するなどし、自らの主張を交えつつ、比較のための「基準」を提供してしまうのがいいだろう。特に「うちは高品質なサービスを提供しているのに、いつも価格で他社を選ばれてしまう」といった場合には効果的だろう。

カウンセリングでの活用例

このリフレーミングは心理カウンセリングの場でも活用されている。例えば優柔不断な自分が嫌だと悩んでいる人に、「視野が広く色々なパターンを想像できている」などと評価の枠組みを変えて考えてみること（リフレーミング）で、悩みを軽減させるといった具合で利用される。

＋ ›› **ネガティブな状況も考え方を変えて見てみれば、ポジティブになりえることがある**

＋ ›› **このように捉え方を変えて評価や印象を大きく変える行為がリフレ―ミングである**

＋ ›› **フレームを作り出すことでユーザーの検討基準を操作することも可能になる**

Webサイトへの応用

切り口次第で容易に印象は変わってくる

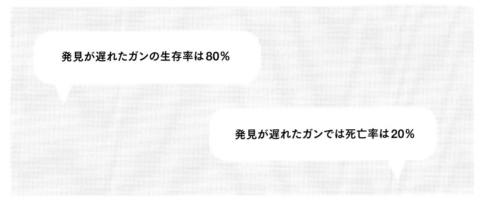

発見が遅れたガンの生存率は80%

発見が遅れたガンでは死亡率は20%

言っていることは同じだが、下のキャッチフレーズの方が明らかに危機感が高まる。このように切り口を変えるだけで感じる
印象が大きく変わる。

フレームを作ってしまうことで「自社選択」の方向へ誘導できる

投資信託のはじめかた

投資信託ってどうはじめたらいいの？なんだか難しそう・・・。
そんな方に手軽に始める方法をご案内します。
リスクとリターンのバランスをとることが大切なのです。

投資を始める前に ▶　　　リスクを知る ▶

MdN証券ではじめる積立投資で
リスクを分散する ▶

比較が難しい商品や、自社に得意分野が偏って
いたり、他社よりも弱み（強み）があったりする
場合に、「はじめての人のための」「はじめる前
に知っておきたい…」といった切り口でコンテン
ツを作成すれば、ユーザーに対して商品の選択
基準そのものを提供することができる。

内輪びいきばかりでは良くないが、自社商品の
強みを比較軸に入れることで、比較検討に入り
やすくなるメリットもある。

デザインに活かす三箇条

- ❯❯ **自社の弱みを強みにできるポイントを考えてみよう。**
- ❯❯ **ユーザーのメリットに転換できる切り口を考えてみよう。**
- ❯❯ **比較しづらいサービス・業種は比較軸を提供してしまおう。**

初頭効果と終末効果
大切なのは始まり? 終わり?

KEY WORD

初頭効果と終末効果／ Primacy and Recency Effect

初頭効果とは、人が相手の評価を第一印象で感じたイメージで決めてしまうという心理のことで、1946 年にポーランドの心理学者であるソロモン・アッシュによって行われた実験で証明された。終末効果はそれとは反対に最後に起こったことが強く印象に残ること。親近効果とも呼ばれる。

「最初が肝心」「終わりよければすべて良し」どちらが正解?

さまざまなシーンで耳にする「最初が肝心」「終わりよければすべて良し」という言葉、果たしてどちらが本当だろうか。

心理学的に言えば、前者は初頭効果と言われ、最初の印象で感じた評価がのちにも強く影響するというもの。最初に「知的で感じのいい人」という印象を持った人と、「汚らしくて無愛想な人」と感じた人では、その後の言動や行動が同じでも、受け取られ方は大きく変わる。

後者は最後に起きた出来事が強く印象に残るというもの。例えば楽しく美味しい食事を楽しめたお店でも、会計時におざなりな接客をされたらまた来ようと思うことはないだろう。

Web 上でのコミュニケーションの取り方は

このような現象は、ユーザーと対面の接触がない Web サイトといえど、無関係ではない。例えば面接を受けようと思った企業の Web サイトが古めかしく、ニュースも更新されていなければ、応募する気すら失うだろう。実際には大企業で条件や手当が充実していても、そこへ至るまえに機会喪失してしまう。数十億規模の企業でも、こういったケースは実際によくある。

終末効果のケースで考えてみよう。とあるネットショップで商品を購入したが注文完了の表示がされただけで確認のメールも来ない。本当に届くのかと思っていたら突然商品が届いた。これではもし良い商品をお得に購入できたとしても、またこのお店で買いたいとは考えづらい。つまり良い第一印象で興味を持ってもらい、最後まで手を抜かないコミュニケーションでいい気分で帰ってもらうことが大事なのだ。

集中力の中だるみが原因

最近見た映画やドラマを思い出してみると、冒頭やエンディングは思い出せても中盤にあった出来事は思い出しづらいのではないだろうか。これは集中力の持続時間が関係する。これは大人でも平均 40 〜 50 分であり、最長でも 90 分と言われている。

DIGEST

+ 〉〉 物事の始まりから終わりの間で一番最初の印象が残ることを初頭効果という

+ 〉〉 物事の始まりから終わりの間で一番最後の印象が残ることを終末効果という

+ 〉〉 どちらも真であり、はじめの印象、終わりの印象の両方に気を配るべきである

Webサイトへの応用

第一印象でがっかりさせないコミュニケーションを

時代遅れのデザイン、誤字脱字のある記事や画像の表示エラーなどのある Web サイトは、まるで清潔感がなくだらしない従業員がいたり、ボロボロの社屋をイメージさせるような第一印象を周囲に与え、無駄に損をしてしまうことになる。

接客は最後まで手を抜かずにサービスを!

感謝の伝わってくる注文完了のメールや発送完了のメールなど、商品が手元に届くまできちんと接客することでまた買いたいお店と思ってもらえる。

デザインに活かす三箇条

- ◉ 〉〉 **第一印象が悪ければ中身がよくても見てもらえない。**
- ◉ 〉〉 **整ったデザイン・誤植がないテキストなどがWebサイトの身だしなみ。**
- ◉ 〉〉 **対面ではないからこそ、割愛せずに接客することが重要。**

両面提示と片面提示
デメリットを伝えた方が売れる？

32

KEY WORD

両面提示と片面提示／Double-sided and Single-sided Presentation

コミュニケーションの際にメリットだけを伝えることを片面提示、メリットとデメリットの両方を伝えることを両面提示という。社会心理学の分野では、説得のためのコミュニケーションと、それに対する人間の態度の変化について、両面提示と片面提示の効果と傾向が研究されている。

良いことだらけの商品コピー。あなたは信じる？

「このサプリを飲むだけで誰でもすぐに減量。
好きなものを食べても理想の体型に。しかも月々たったの980円！」

良いことしかないはずのサプリ、買いたいと思えるだろうか。人は、自分の都合の良い情報ばかり伝えられると「本当にそんなうまい話があるのか？」と不安を募らせる傾向がある。これを考慮したコミュニケーションが「両面提示」と「片面提示」だ。先の例なら「すごく効くサプリだが、高価である」などと、得られるメリットに匹敵する障壁がある方が人は納得しやすく、デメリットも伝えることで商品・サービスだけでなく、情報を伝えている人に対しても信頼感を与える。

片面提示が有効な場合はあるの？

こうしてみるとすべて両面提示すればいいように思えるが、実は片面提示が効果的な場合もある。

ひとつは相手がそのジャンルに関する知識を持っていない場合だ。あれこれ情報を与えても判断がつかず、よく分からないけれど何かデメリットがあるならやめておこう、となるからだ。この場合は、その人が求めているものをきちんと満たしているかを代わりに判断してあげて、片面提示するのがいいだろう。

もうひとつは大きな買い物など背中を押してもらいたい場合。最後になってデメリットや他の選択肢を提示されたのではまた悩んでしまうので、明らかに不利益な選択をしようとしているような場合でない限り、片面提示がふさわしい。

両面表示がデメリットとなる場合

両面表示とは良い面も悪い面も伝えることを指すため、片面表示よりいいと思われがちだが、例えば医者が知識のない患者に情報を与えすぎると、素人判断で薬をまったく服用しなくなるようなことが起こる。

DIGEST

+ 〉〉 メリットとデメリットの両方を伝えるのが両面提示

+ 〉〉 メリットだけを一方的に伝えるのが片面提示

+ 〉〉 両面提示と片面提示を場面によって使い分けることが重要

Webサイトへの応用

両面提示は伝える順番が重要

Case 1

> このデジカメはリーズナブルな価格で
> 手ぶれもなくコンパクトだが、
> 画質は低めだ

Case 2

> このデジカメは画質は低めだが
> 手ぶれもなくコンパクト、
> 価格もリーズナブルだ

言っていることは同じだが受け取る印象が違うのは一目瞭然だ。両面提示では、伝える順番で印象が変わるので、相手に伝えたいデメリットは先に持ってくる。

デメリットはメリットの裏返しがベスト

" 本製品は設定が多くて難しい
カメラだが、そこをクリアすれ
ば誰でもプロ並みの写真が撮
れることは間違いないだろう "

扱いが難しいことはデメリットだが、プロ並みの写真が撮れることの対価でもあり、使いこなしてみたいと思えるので単純なマイナスポイントではない。

デザインに活かす三箇条

- ◉ 〉〉 **状況により両面提示と片面提示の使い分けが重要。**
- ◉ 〉〉 **片面提示が効果的な場合もあるが選択に責任を持てる場合のみにしよう。**
- ◉ 〉〉 **両面提示はメリット・デメリットのバランス、伝える順番がポイント。**

両面提示と片面提示｜Double-sided and Single-sided Presentation

ザイアンスの法則
繰り返すことで高まる信頼と好感度

33

KEY WORD

ザイアンスの法則／ Mere-exposure Effect

アメリカの心理学者ロバート・ザイアンスが論文 (1968 年) にまとめ、知られるようになったもの。単純接触効果とも言われる。はじめのうちは興味がなかったり、苦手だったりしたものも、何度も見たり聞いたりすると、次第に良い感情が起こるようになってくる、という効果。

毎朝目にするアナウンサーが人気なわけ

朝は各局でニュースをやっているが、毎日見るチャンネルが決まっている人が多いだろう。そしてそこにはお気に入りのアナウンサーがいるのではないだろうか。特に国民的人気のアナウンサーなどと呼ばれる人は朝のニュースを担当していることが多いが、これにはこのザイアンスの法則が関係している。

これは単純接触効果とも呼ばれ、繰り返し接触する人、物に対して信頼度が増し好感度も上がるというものだ。

ただでさえ明るく快活な人物が多いアナウンサーを、朝のニュースで毎日目にしていたら好感度が上がるのも頷ける。

Webマーケティングで活用するには

これはオフラインでもそうだが、時間をおくほど連絡しづらくなってしまうものだ。優秀な営業マンは「新しい実績を紹介に」「近くまで伺う機会があるので」など上手く要件を作って何度も顔を出すが、これもこの効果を発揮している。Web サービスでもお客様といかに接触回数を増やすかということがポイントになってくる。

つまり次の連絡をする口実を作ればいいのである。例えばメールマガジン、生年月日を取得してお祝いメールを送る、お気に入り登録した商品が売り切れそうになったら連絡してあげるなど、さまざまな切り口が考えられる。

ただし、いくら接触回数が多い方がいいとはいえ、不要なメールや通知を大量に送るのは逆効果なので、ユーザーがもらってメリットを感じるものに絞るべきだろう。これは普段ネットショップをよく利用する人であれば、自分がいつもつい開いてしまうお店とのコミュニケーションを分析してみるとヒントがあるはずだ。

ザイアンスの限界

この効果は嫌われている人にも無理やり何度も接触すれば好きになるというわけではない。接触回数による印象の向上は 10 回が限界と言われており、それ以上の接触による印象の変化はあまりない。また接触するものによっても印象の向上度合いも変わる。

DIGEST

＋ 〉〉 **接触回数が増えると、最初は気にしていなかったものが好きになることがある**

＋ 〉〉 **嫌われている人にしつこく接触すれば好感に変わるというものではない**

＋ 〉〉 **マーケティング上も顧客との接触回数を増やすことで顧客の信頼を得ることができる**

Webサイトへの応用

ユーザーと継続的に接触できるステップメール

会員登録や購入のお礼に始まり、商品やサービスの使い方の案内、便利な機能やクーポンの送付など段階を踏んでお客様との関係を構築していくことが重要だ。

ユーザーの行動にあわせて適切なコミュニケーションを取る

お気に入りに入れた商品が売り切れそうになった、定期購入の商品を発送する直前など、それぞれのユーザーにあったタイミングで適切なコミュニケーションをとるべきだろう。これはあらかじめルールを決めておくことでシステムによって実現することも可能になる。

デザインに活かす三箇条

- ◉ 〉〉 **口実を作ってユーザーとの接触回数を増やそう。**
- ◉ 〉〉 **コミュニケーションのタイミングや内容も重要。押し付けにならないように。**
- ◉ 〉〉 **システムの力を借りて、すべてのユーザーと最適なコミュニケーションを。**

ザイアンスの法則｜Mere-exposure Effect

テンション・リダクション
なぜ家に帰るまでが遠足なのか

34

KEY WORD

テンション・リダクション／ Tension Reduction Theory

緊張状態が消滅したあとの、注意力が欠落した状態のことを指してテンション・リダクションという。大きな試験が終わった後にうっかりミスをしてしまったり、遠足の帰りに事故に遭ってしまったりといったことが起こりやすくなる精神状態。

「家に帰るまでが遠足です」と言われる理由は?

誰しもが学生時代にこのフレーズを聞いたことがあるだろう。これこそがテンションリダクションの状態に対する注意喚起だ。楽しい遠足が終わって注意散漫により、事故に遭ったりすることが増えるため言われるようになったフレーズではないだろうか。

あわせ買いを勧めるには最大のチャンス

日常では注意しないといけない状態も、こと物を売る場面でいえば最大のチャンスとなり得る。特に大きな買い物をした時、悩んだ挙句に購入を決心した時、この時がまさにテンションリダクションの状態だからだ。

ではどうするのかというと、ここでもう1品、勧めてあげよう。緊張が緩んだこともあり、「じゃあそれも一緒に」と購入してもらえる可能性が高い。

ただし、勧めるのは購入したものよりも安価かつ関連性のあるものがいいだろう。奮発してワンピースを買った女性に「色違いをもう1着」などと言っても難しいだろうが、そのワンピースにあわせる靴やアクセサリーなどを勧めれば「せっかく買ったワンピースをさらに可愛く着こなせるように」とあわせ買いしてもらえる可能性は高い。

このようなあわせ買い傾向は高額な買い物ほど顕著で、車を買った時に数万、数十万のオプションを勧められるままに購入する確率は非常に高い。

また、この状態は注意散漫となるので、後に契約内容が思っていたものと違うなどとクレームが来ないように、再確認を促したり書面やメールなどで詳細を伝えるなど、確認事項をフォローしておくことも重要だ。

あわせ買いの技法

書店では、人気の商品などをレジの前に積み上げることで、本の好きな購買者は「そんなに話題なのなら、やっぱり一冊買っておくか」「これもついでに買っておこう」という「ついで買い」をさせるテクニックがある。

Amazonでよく見られる「あわせ買い」では、必ずしも店員がレコメンドしているような意味のある製品でなくても、顧客の購入実績に基づいた「これを買った人はこんなものも買っています」という勧め方をしており、あわせ買いには多数のすすめ方があることも事実だ。

DIGEST

＋ 〉〉 緊張する場面を終えた後に注意力が途切れる状態をテンションリダクションという

＋ 〉〉 購入を決心したあとは、テンションリダクションによって財布の紐が緩む瞬間でもある

＋ 〉〉 購入を決めた商品にふさわしい付属品などは普段以上に買われやすくなる

Webサイトへの応用

「あわせて買いたい」ものをレコメンドする

買った商品や、表示中の標品に関連のある商品を勧めることで、一緒に買ってもらえる可能性が高まる。この際に、メインの商品にふさわしい取りあわせであることが重要だ。

レコメンドする商品は場面によって違う

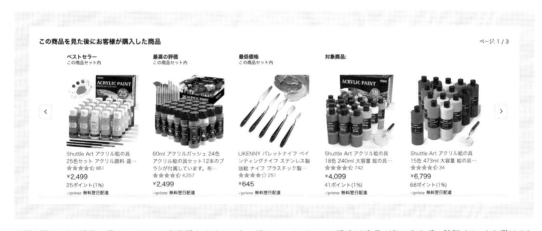

上図と同じような機能に見えるがこれは商品購入を決めてない時のレコメンド。この場合は商品が気に入らずに離脱することを避けるために類似商品を選択肢として提示している。購入を決定した後に勧める商品と混同しないように注意が必要。

デザインに活かす三箇条

- ⦿ 〉〉 **購入を決心したあとに関連商品を勧めてみる。**
- ⦿ 〉〉 **勧めるタイミングと商品を間違えない。**
- ⦿ 〉〉 **テンションリダクションで契約内容の不備などが起こらないような気配りも。**

コントラスト効果
ユーザーを導く比較のマジック

35

KEY WORD

コントラスト効果／Contrast Effect

対比効果ともいう。ひとつの事柄に対して良い・悪いなどの評価を与える際に、前の状態の刺激に影響されて、後の状態の刺激から受ける感覚に誤差が起きること。ふたつの刺激間の違いに生じる強化作用をいう。相対的評価で、絶対評価よりも良し・悪しを比較で感じやすいのもこの効果のひとつ。

値段の妥当性はどうやって判断しているか

ある商品を購入しようとした際に、値段の妥当性はどのように判断しているだろうか？　この商品は原価がいくらで諸経費がこのくらいかかるから……と判断しているわけではないだろう。

もちろん単純な金額の大小もあるが、商品を比較検討する場合は比較対象とのサービスや内容との違いを比較して判断をするはずだ。

しかし比較対象がない場合に、相場感の分からない商品やサービスなどの場合は価格の妥当性に確信が持てず決心ができないということが起こりやすい。

最適な比較対象はどのように準備するか

選択肢が1つしかないと決心しづらいが、似たような選択肢が並ぶ場合も決心が鈍る。それは、人は自分の判断によって不利益を被るのは避けたいと考えるので、そのリスクがあると決心ができないのだ。

これらの状況はサービスを提供する側からすると避けたいと思うので、そういう場合は適切な比較対象を用意することで心理的障壁を軽減することができる。

例えば料金プランなどを設定する際はひとつのプランを用意するのでなく、その上下に機能が制限された簡易版と最上級版を用意することで標準プランを選びやすくなるという効果がある。

すいかの甘さを引き立てる塩

コントラスト効果（対比効果）は、心理学だけでなく幅広く使われる。例えば、すいかに塩をかけて食べると、対比するふたつの味が作用して、すいかの甘さをより強く引き立たせるのも、対比効果を利用したもの。

DIGEST

+ 〉〉 **対比するものがあることで同じものでも別の受け止め方をすること**

+ 〉〉 **コントラスト効果では「松竹梅」のような提示の仕方が典型例**

+ 〉〉 **サービスメニューを作る場合は本当に使って欲しいものより上位のサービスが必要**

Webサイトへの応用

ひとつでなくふたつの選択肢を置くことで離脱を防ぐ

この例だと Case 1 の方がクリック率が上がる。単純に選択肢が多いということもあるが、「問い合わせるほどではないけど資料だけなら……」といった感じに資料請求の心理的な障壁が下がる効果もある。

主力の商品に加え、料金が安いもの、高いものを用意する

月額課金制のサービスなどを運営するのであれば、複数の料金プランを用意するのがポイントだ。機能を制限した簡易版、容量やアカウント数を大量に用意した上位プランなどと比較させることで、ただひとつのプランを提示されるよりも費用に納得感が増し、選択しやすくなる。

デザインに活かす三箇条

- ◉ 〉〉 **1択だとYES or NOになってしまうが選択肢があるとどれかを選んでもらいやすい。**
- ◉ 〉〉 **選んで欲しいものより上位の選択を必ず用意する。**
- ◉ 〉〉 **条件の違いは明確にしてどれを選べばいいか分からないとならないように。**

コントラスト効果｜Contrast Effect

ツァイガルニック効果
未完成なものに惹かれる不思議

KEY WORD

ツァイガルニック効果／ Zeigarnik Effect

人は、完了できなかったタスクや事柄の方を、完了したタスクよりもよく覚えている傾向にあるという記憶に関する理論。ワーキングメモリに留める情報の取捨選択に関連すると考えられる。リトアニア出身の心理学者ブルーマ・ツァイガルニックが、1927 年にベルリン大学の博士課程において実験で示した。

完璧は素晴らしいけど心に残らない？

人間は時として完璧なものより未完のものに惹かれる。早世のアーティストがカリスマ化したり、ちょっとドジで抜けている人気者などは、その典型ではないだろうか。また、有名な建築物であるサグラダ・ファミリアが多くの人に注目されるのも未完成ということが要因のひとつだろう。

ツァイガルニック効果が使われる場面は、日常でもよくある。TV でよく使われる「続きは CM の後で」や、ドラマが思わせぶりなところで次話に持ち越されるのもツァイガルニック効果に当たる。CM でもコンテンツを未完にして「続きは Web で」としているものも増えている。

気になってもらうコピーを作る

インターネットで何かをする時は TV や雑誌などと比べ物にならない情報量を目にすることになるので、その中で興味を引き、クリックさせるには魅力的なコピーが必要になるが、そこでこの効果が活きてくる。

もちろんリンクテキストやナビゲーションは分かりやすく端的にその先の情報を伝えることがセオリーだ。「当社の資本金はなんと〇〇〇万円」などと会社概要に誘導することはありえないが、商品やサービスを PR するためや SNS 上から流入させたいメディアなどであればユーザーを引き込むコピーが必要となる。

（1）年末最終セール。最大 90％ OFF

（2）売切必至。話題のスマホを大量入荷

などすべて記載しないことで、期待を抱かせてユーザーを誘導できるだろう。

ツァイガルニックの実験

パズルや簡単な作業を実施する 2 グループを作り、一方のグループでは課題を完了してから次の課題へ移させ、もう片方では作業を途中でやめさせて次の課題へどんどん移させたところ、課題を中断されたグループの方が、倍ほどの数の課題内容を覚えていたという結果になった。

この実験は、ツァイガルニックの担当教授がカフェのウエイターが、支払いが終わった席より、支払いが終わっていない席をよく覚えているように見える、と指摘したことから着想を得た。

掲載先に注意！

どこまで情報を見せるかは、掲載先によって配慮が必要だ。例文の（1）が自社の通販サイトのトップページなどにあれば問題ないが、外部のメディアなどにこれで掲載したのではそもそも何の何のお店かすら分からない。

DIGEST

+ 〉〉 人間には未完なものに惹かれる傾向がある

+ 〉〉 情報も完璧なものよりも欠けている情報に興味を持つ

+ 〉〉 インターネットの大量の情報の中で注意を引く際に利用できる心理効果

Webサイトへの応用

― SNSでシェアされても読まれるタイトルに

タイトルは端的に内容を伝えるものである必要があるが、コンテンツマーケティングなどSNSでの拡散なども狙ったものであればタイトルだけで完結させずに、その先も読みたくなるようなライティングを心がけたい

見出しに余韻を持たせると、先を知りたいユーザーにクリックされやすくなる

― メールマガジンはタイトル次第で効果倍増

横浜F・マリノス	18:03
【"Jリーグ初！？"水と光による演出をお楽しみく…	
Uber Eats	17:40
【最大 2,400 円オフ】週末は、Uber Eats が、…	
東京国立近代美術館オンラインチケ…	17:08
【MOMAT サマーフェス】この夏は東京国立近代…	
U-NEXT	16:56
ParaviとU-NEXTがひとつに。31日間無料トラ…	
Uber Eats	16:44
【期間限定】ドミノ・ピザ、ピザーラスタイル、…	

メールマガジンは開いてもらうためのタイトルが重要だ。しかも、受信するメールアプリによって表示される。タイトルが切れて「お得な」情報が隠れてしまっているのでは意味がない。重要なプロモーションであれば、利用者の多い実機での確認は忘れないようにしたい。

目に入る場所にプロモーション内容をうまく納める工夫を

― デザインに活かす三箇条

- ◉ 〉〉 情報はすべて見せずに興味を引くように設計しよう。
- ◉ 〉〉 状況に合わせて情報の開示を調整しよう。
- ◉ 〉〉 メールマガジンはメーラー毎の見え方も要チェック。

カクテルパーティ効果
話を聞いてもらいたい相手の注意を引くには

37

カクテルパーティ効果／Cocktail Party Effect

大勢の人が談笑している中で、目の前の友人や興味のある人の会話だけに集中して聞くことができたり、自分の名前が聞き取りやすいという現象。人間が知覚を使う際、注意力を使って情報の取捨選択をしていることを示す代表的な例（選択的注意）。心理学者コリン・チェリーが1953年に提唱した。

人混みでも知り合いを見つけられる不思議

カクテルパーティとは、日本語では立食パーティのこと。そういった多くの人がガヤガヤと雑談している中でも、名前を呼ばれたり、声で知り合いがいるのに気付いた経験があるという人は多いだろう。これは、多くの情報が溢れていても自分に関係のある情報には注意が向くという人間の仕組みによるものだ。

また、これと似たもので「カラーバス効果」というものもある。これは今日のラッキーカラーは赤という占いを見た日に赤いものがやたらと目に入ってくるような状態をいう。髪を切ろうと思っていたら何度も通っている近所の道に美容室を見つけた、ということもこれによるものだ。

カラーバス効果は「引き寄せの法則」と言われることもあり、面白い仕事がしたいと強く思っていたらチャンスが舞い込んできたといった事例が挙げられるが、むしろ無意識に自分のアンテナが向いていたとも考えられる。

カラーバス効果

カラーバス効果とは、「color（色）」を「bath（浴びる）」が語源で、色の認知に由来するが、その対象は色に限らない。ひとつのことを意識することで、それに関する情報が無意識に届く現象のこと。

自分から呼びかけることでターゲットを絞り込もう

これを活用するとしても、相手側が興味を持ってくれないことには始まらないとも思えるがそのようなことはない。自分に関係のある情報に反応するということであれば、こちらから呼びかけてあげればいい。

「朝スッキリしないあなたに」「夕飯の献立にお悩みの奥さん！」とPRしたい商材のターゲットに呼びかけてみると、そのコピーに触れた人の中からずばり「それは自分だ！」と思った人に強く刺さる。ターゲットをあらかじめ絞ってPRできるところもいい。ログインなどで個人が特定できていれば名前で呼びかけることも可能だ。

名前で呼び合う効果

カリフォルニア大学のチャールズ・キング博士の研究では名前で呼び合わないカップルの86%が、調査後5カ月の間に別れていたという。このことからも分かるように名前を呼びかけることはただ話に耳を傾けてもらうだけでなく、お互いの関係性を深めるのにも効果的だと言える。

+ ›› 大量の情報の中でも自分の名前など自分に関係のあるものには気付くことができる

+ ›› カクテルパーティ効果は、人間が選択的注意を行う代表例である

+ ›› 積極的に相手を呼びかけることで、マーケティング上でも効果が得られる

Webサイトへの応用

ターゲットを絞ったコピーで呼びかけてみよう

> 朝、スッキリ
> 起きられないあなたに

> 偏差値40からの
> 大学受験

> 風邪なんてひいていられない
> 忙しい人に

具体的に状態や属性を示すことで思い当たる人には気に留めてもらえる。これが「社会人のみなさん」などと漠然としてしまうと聞き逃される可能性が増えるが絞り込みすぎると対象者が減る。そこは反比例するので検討が必要だ。

名前が分かれば、名前で呼びかけよう

自分の名前を呼ばれてもいっさい反応しない人は稀だろう。ログイン状態などでユーザーが特定できている場合は「○○さんにおすすめの〜」などと表示することにより1to1で接客されている印象にもなる。もちろんランダム表示で男性にレディース服を勧めるといった状態では逆に不信感に繋がるのでシステム面でも整備が必要だ。

デザインに活かす三箇条

- ⦿ 〉〉 **話を聞いてもらいたい人を宣言することで注意を引こう。**
- ⦿ 〉〉 **絞りすぎると対象が減るのでバランスも重要。**
- ⦿ 〉〉 **名前が分かれば呼びかけるのが一番、注意を引ける。**

バンドワゴン効果
選択肢があっても「みんなと同じ」が安心する

38

Bandwagon Effect

KEY WORD

バンドワゴン効果／ Bandwagon Effect

アメリカの経済学者、ハーヴェイ・ライベンシュタインが提唱した用語。自分の信念や好みに関わらず、多くの人がやっているから／人気があるからという理由で選択する人間の心理現象。バンドワゴン効果は政治の場や消費者の行動によく現れる。証券バブルなどの現象も同じ理由と考えられる。

行列のお店とガラガラのお店。どちらを選ぶ?

食事をしようと街に出かけたら行列のレストランが。反対側のレストランはガラガラだ。空いている方に入ればすぐ座れることは明白なのに、行列を横目にガラガラのレストランに入る勇気のある人は少ない。そして、行列の最後尾に並んでしまった経験がある人も多いのではないだろうか。これはバンドワゴン効果の典型例で、支持している人が多い方の選択肢が正しく思えてしまうという人間の心理現象だ。この例では、レストランのメニューを比較したわけでもないのに、他の人が選んだレストランの方が美味しいと判断したということになる。

これはお店の選択だけでなく、商品選択でも同じだ。初めての飲食店で「このお店の人気メニューは何ですか?」と聞いて選ぶ人は多い。これも多くの人が注文しているものなら間違いがないという心理が働くためだ。そしてバンドワゴン効果は、なるべく異を避け、みんなと同じがいいと考える傾向が強い日本人には、特に顕著に現れる。

Webサイトでの「行列」の演出法

しかし、Webサイトでは実店舗のように、今このお店にどれだけの人が行列しているかは分からない。何か人為的に工夫をしなければ、実際は何万人が同時アクセスしているネットショップでも、初めての訪問者には下手をすれば、「ガラガラで人気のないサイトなのかな」と思われてしまう危険性もある。

そこで、Webサイトでは商品コピーやシステムを上手く活用して人気を演出しておく必要がある。人気の演出が上手くできていることで、デザインがイマイチなサイトでもお客さんが殺到している人気店も意外に多いのだ。

バンドワゴンとは?

パレードなどの先頭を行く楽隊車のこと。音楽を奏でながら先頭を行く様から「バンドワゴンに乗る」というと、時流に乗る・勝ち馬に乗るといった意味になる。

DIGEST

＋ 〉〉 人は自分の信念とは関係なく、みんなが選んでいるものを選ぶ傾向がある

＋ 〉〉 「人気があるから大丈夫」という点を拠り所に意思決定することができる

＋ 〉〉 「人気がありそう」であることを演出することがバンドワゴン効果を使う最大のキーだ

Webサイトへの応用

数字を使って確実に「人気」をアピールする

まずは分かりやすく実績を記載する方法としては、実績や人気度を示す数字を活用するという手法がある。もちろんこれは、積み上げた実績があってこそできる施策だが、アンケートをとって「80%のユーザーが満足と回答！」といった具合に、成果を作り出す努力も必要だ。実績の虚偽はもちろんNGだが、根拠となる出典があれば、なるべく印象の強い数字の出た調査を使うといいだろう。

ランキングを活用して人気をアピール

デイリーランキング

スクエアブライトシリーズ

落ち着いた色合いでありながら光の加減で輝きが増し、指先を華やかに彩る新感覚のネイルシリーズです。乾きも早く、鮮やかな色が長持ちします。

ウィークリーランキング

スクエアブライトシリーズ

落ち着いた色合いでありながら光の加減で輝きが増し、指先を華やかに彩る新感覚のネイルシリーズです。乾きも早く、鮮やかな色が長持ちします。

「売上ランキングで5週連続1位」など楽天市場などのECモールでランキングにのった商品を見かけることがあるだろう。こういったランキングも、実は人気を伝えるための典型的な手法のひとつ。

特にランキング形式では、1位と2位の差はとても大きい。1位になった商品はその効果でさらに人気となり2位以下を引き離していく傾向がある。ナンバー2ではなくナンバー1でなければならない所以はここにある。

そこでランキング掲載の実績を使うなら、「リキッドファンデーション部門1位」→「ファンデーション部門3位」→「化粧品総合ランキング9位」といった具合に、細分化されたカテゴリでも、なるべく上位のランキングを見つけてアピールした方がいい。

— システムを活用して他のお客さんの「行列感」を出す

システムを活用したバンドワゴンの演出もある。最近、「現在○人がこの商品を見ています（カートに入れています）」「お気に入り登録数○○人」「○○さんが○○時○○分に購入されました。」などと同じ商品を見ている他のユーザーの動きを報告することで、あたかも目の前で多くの人が行列をなし、どんどん商品を購入していく様子を感じさせることができる。この場合は早く買わないと売り切れてしまうかもと思わせる効果もある。

— デザインに活かす三箇条

- ◎ 〉〉 **売上数・ランキングなど数字を見せて人気をアピールしよう。**
- ◎ 〉〉 **なるべく魅力的な数字になるように切り口を工夫する。**
- ◎ 〉〉 **リアルタイム性があるとさらに効果的。**

ワーキングメモリとユーザーの行動

ユーザーは移り気？

分からないことを調べようと検索サイトに訪れたのに、いつの間にかネットサーフィンをしてしまっていたといったような体験はないだろうか。

このように、自分の行動の中でやるべきことなどを覚えておく記憶領域をワーキングメモリというが、この保持には集中力が大きく関わる。最初に挙げた例でいえば、検索サイトのトップページに驚くようなニュースが載っていたり、気になっていた商品の広告を目にしたりといったことがあると、容易に注意を取られてしまい、本来の目的を忘れてしまうのだ。

これが EC サイトで見かけた目的の商品をちょっといいな、買おうかなと思ったけれど、別のニュースを読んでいるうちに買い忘れてしまったのでは、ビジネス上は機会損失になる。訪れるユーザーの目的を考慮して表示する情報やランディングさせるページを変えることなどを考慮すべきだろう。

また、「ツァイガルニック効果」（P.104）のように、未完のタスクや未完の出来事に関してはワーキングメモリに残りやすい傾向があるので、いかに「未完のやるべきことリスト」に残させるかも考慮しておきたい。そして消費行動に関しては、まず消費者の「想起集合」（P.148）に入ることも重要なので、こちらもあわせて考慮したい。

想起よりもまずその場の認識を

このように他のことに気を取られて「すぐに忘れてしまう」人間が以前見たり読んだりした内容を覚えていたり、記憶の中から思い出したりするには、さまざまなメカニズムがあるが、本人が意識したり学習するなどの努力を要する面が多々ある。例えば、面倒な作業のやりかたを、目の前で見せて教えてもらったのに、いざ自分でやろうと思ったら思い出せないということはよくあるだろう。これが仕事などで必要な作業であれば反復学習し、長期記憶に定着させていけばいいが、たまにしか訪れない Web サイトの操作では、そうもいかない。

前に利用した時にどうやって操作を完了したのか思い出して実行するのは、ユーザーにとっては負荷が高い。そこで「アフォーダンス」（P.26）や「ゲシュタルトの法則」（P.32）を意識したサイトづくりをしてあれば、そもそも学習する必要がなく、無意識の記憶にまかせて操作が完了できる。

また、特に分かりづらそうな点は、補足説明などを記載してフォローをしよう。例えば「送料無料」が売りのサービスも、購入経験があれば分かるだろうと決めつけず、その都度記載すれば、ユーザーの記憶にも定着しやすくなるし、調べようとしたユーザーがネットサーフィンして離脱することも防げる。

スノブ効果
限定品・レアアイテムで購買欲促進

KEY WORD

スノブ効果／ Snob Effect

アメリカの理論経済学者ハーヴェイ・ライベンシュタインが1950年の論文「消費者需要理論におけるバンドワゴン効果、スノブ効果、及びヴェブレン効果」で提唱したもののひとつ。他者の消費が増えるほど需要が減少する、他人が持っているものと同じものは欲しくないという現象を指す。

他の人も持っているものは欲しくない

別項で紹介したバンドワゴン効果はみんなが買っているものが欲しくなる、という心理だったが、スノブ効果はその逆で「みんなが持っていないから欲しい」という心理だ。

ふたつは矛盾しているように感じるが、この反応は商材によって変わるといえば納得がいくだろう。例えば食べ物や日用の消耗品などであれば人気がある商品の方が安心で買いやすい。しかし、みんなが着ているTシャツだとしたらどうか？　みんなが着ているなら私も着たいとは、あまりならない。どちらかといえば、人と被るのは恥ずかしいからと避けるだろう。

一方で、特に興味もなかったものなのに、当店限定・期間限定など「チャンスを逃すと変えない希少品」だと言われると、つい買いたくなってしまうというのも、スノブ効果の影響だろう。

スノブ効果とバンドワゴン効果は共存する？

アパレルではショップの別注アイテムなどが限定で販売され、オークションサイトなどで定価以上で取引されているケースもある。これがみんなが持っている人気のバッグではあるが限定カラーとなれば、バンドワゴン効果との相乗効果で、入手困難のプレミア商品となる。一見矛盾したように見えるふたつの効果だが、このように連携することもある。

しかし、みんなが欲しがるからといって大量生産してしまっては、価値が下がってしまうので、供給のバランスは注意が必要だ。一定数であれば増産してもいいが、限定仕様第2弾、第3弾とすることで第1弾の価値を下げずに新たな話題商品を投下することもできるだろう。

いくつに限定する？

材料などの都合で作れる数が限られる場合は仕方ないが限定数を決められるものであれば全体の20%前後くらいが妥当だろう。例えば20席しかないお店で限定100食と言われても付加価値はあまり感じない。逆に限定1食では「どうせ買えないだろう」と諦めてしまう人も出てくるので限定5食くらいがちょうどいいだろう。

+ ›› バンドワゴン効果の逆の現象をスノブ効果という

+ ›› スノブ効果とは稀少性に価値を感じ人が持っていないものを欲しがる傾向のこと

+ ›› 商品の価値と関係なく持っている人が増えてくると興味を失ってしまう

Webサイトへの応用

― 限定商品で付加価値をつける

技術的に大量生産が可能でも初回限定、期間限定、地域限定など限定仕様とすることで付加価値をつけることができる。また「Web限定カラー」など、オンラインショップ限定とすることで、自社サイトでの購入を促すことも可能だ。

さらに限定商品に限定数のシリアルナンバーを刻印したり、特定の条件を満たした人だけにサイン付きにすると、付加価値が加わる。シリアル番号の中でも1番や777番、またその商品に所縁のある数字にはさらに付加価値がつくなど、スノッブ効果を活かしたマーケティングは多数ある。

― 限定感をリアルタイムに伝える

リアルタイムの在庫残数を見せることは、希少度を出すことにもなり、迷っているユーザーの購買意欲を促進させる。大人気商品になると発売開始直後に売り切れるが、アクセス集中でサーバーダウンするとクレームにもなるので本当に希少度の高いものを販売する場合は、利用者の公平な取り扱いができるよう、告知方法やインフラの対応などにも留意が必要だ。

― デザインに活かす三箇条

- ❂ 〉〉 みんなが持っていないものが欲しいという欲求を刺激する。
- ❂ 〉〉 限定感の演出と供給のバランスが重要。
- ❂ 〉〉 限定品は買い損ねがクレームに発展しやすいので周到な準備も。

ヴェブレン効果
値段が高いほど喜ばれる商品とは

40

Veblen Effect

ヴェブレン効果／Veblen Effect

経済学者で社会学者のヴェブレンが「有閑階級の理論」（1899 年）の中で、米国の有閑階級に特徴的だった「見せびらかし」の消費（顕示的消費）について言及したことに由来する用語。商品の価格が高く、それを手に入れること自体に価値を感じる状態を言う。

商品は安いほどいいわけではない

良いものが安く買えて嬉しくない人はいないだろう。しかし世の中の商品・サービスがすべて高品質で安くなればいいというわけではない。実は世の中には値段が高いことが価値となっているケースもあるのだ。高級ブランド品などが分かりやすい例だ。

ではなぜ、ブランドバッグは高くても売れるのか。いや、むしろ高いから売れるのだ。もちろん高級バッグは高品質な素材、高い技術で作られているので品質も高いが、それ以上にブランドの持つイメージや歴史などが価値を引き上げている。そして、誰もが出せるわけではない額の高いお金を出してまで手に入れること、その結果所有していることによって、ブランドバッグを持つ満足度が達成される。だから誰でも手に入れられる安いブランドバッグは意味がないのだ。

値段を安くするのではなく商品価値を高める

多くの商品は企業努力によって高品質・高機能で手軽に手に入るようになってきているが、飛行機のファーストクラスが安価で手頃な価格になり、その分シートが少し狭くなったとしたらどうだろう。ファーストクラスの存在意義がなくなってしまうのではないだろうか。

やはりファーストクラスは限られた席数でフライト代と引き換えに快適な空間とサービスがなければ価値がない。つまり企業努力すべきは価格を安くすることではなく、より差別化したラグジュアリーなサービスを提供することである。このようにブランド価値の高い商品・サービスを提供するのであれば、その価値を上げていくことがユーザーの満足度を上げていくことになる。

ヴェブレン効果の名付け親

ヴェブレン効果と呼んだのはヴェブレン本人ではなく、アメリカの理論経済学者ハーヴェイ・ライベンシュタインである。1950年発表の論文「消費者需要理論におけるバンドワゴン効果、スノッブ効果、及びヴェブレン効果」で提唱した。

+ ›› 手に入れることが難しい商品を手に入れたいという消費行動がある

+ ›› このような「見せびらかし」目的の消費現象をヴェブレン効果という

+ ›› 高級ブランド品やファーストクラスなどヴェブレン効果が具現化されたシーンは多い

Webサイトへの応用

— ## ステータスを可視化してロイヤルユーザーの満足度を向上

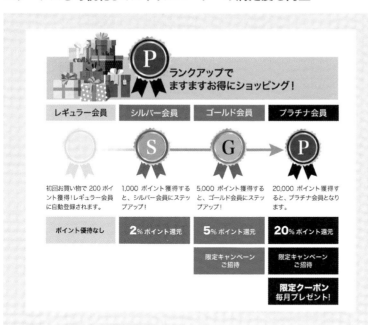

特定のショップやブランドにユーザーが多くのお金を使ってくれているのであれば、それをステータス化し可視化することでユーザーの満足度はさらに上がり、ロイヤリティも向上する。

— ## 招待制や限定のステータスを設ける

クレジットカードなどがいい例だが、招待制や指名制など、限られた人だけが手に入れられるステータスを設けることで、それを手に入れたいという心理が働き、ユーザーの活性化が図れる。

— ## デザインに活かす三箇条

- ◉ 〉〉 **高価なこと、入手困難なことが価値になる場合もある。**
- ◉ 〉〉 **それを手に入れた満足感や所有するステータスを可視化しよう。**
- ◉ 〉〉 **上位サービスやステータスを設けることでさらなる価値を創出できる。**

バーナム効果
曖昧な表現で自分ゴト化させる

KEY WORD

バーナム効果／Barnum Effect

アメリカの心理学者、ポール・ミールが、興行師 P. T. バーナムの言葉に因んで名付けた。誰にでも当てはまるような曖昧な情報や占いを多くの人が自分のことを言っていると信じてしまう現象。ポジティブな情報の方がネガティブな情報より、自分のものと受け取られやすい。

よく当たる占い師の秘密

まずは、以下の質問に YES/NO で答えてみてほしい。

- 他人から好かれたい、ほめられたいと思っているが、自分に自信がない部分もある。

- 自分には生かしきれていない才能がまだあると思う。

- 意外とヘコみやすいが、すぐに立ち直ることができる。

- 楽しいことは好きである。

- 自分の意見を持っているが、人の意見も聞くことができる。

だいたい3つ以上は当てはまったのではないだろうか。実はまわりの人に試してみても、同じような結果になるだろう。人はこのように曖昧な予測をされると、例えば「昔、失恋して落ち込んだけど今はもう立ち直っているな」など自分の経験にひも付け、自分に当てはまると感じてしまう。これをバーナム効果（またはフォアラー効果）という。

曖昧な言葉で自分のことだと思ってもらう

これを活用してユーザーの気持ちをつかむことができる。

例えば

借金返済でずっとお悩みなら、安心・安全の△△法律事務所が解決！

という広告を目にした時。「ずっと」というのは1ヶ月なのか1年なのか分からないが、ユーザーは自分に都合いい期間に置きかえて「このサービスは自分にピッタリあった商品だ」と解釈する。同様に「現状に満足していないあなたに」などという投げかけに自分が足りていないものを当てはめて、それは自分だと感じたりする。

広告はターゲットを明確にし、そのターゲットに合ったコミュニケーションをとることが重要だが、このようにあえて曖昧な表現にすることで自分ゴト化させられる手法もあるので覚えておきたい。

P.T.バーナムの言葉

19世紀の有名なアメリカのサーカス主だった興行師、P.T.バーナムが口にしていた成功の法則「Always a little something for everybody.（誰にでも当てはまる要点というものがある）」という言葉に因んでミールが名付けたとされる。ちなみにバーナムは映画『グレイテスト・ショーマン』（2017年、アメリカ）のモデルとなった人物でもある。

フォアラー効果

心理学者B・R・フォアラーは、学生を対象とした性格診断テストを行い、同じ結果を与えることで、人は曖昧でありきたりな性格描写を、あたかも自分について語ってるように感じてしまうことを発見した。このことから「フォアラー効果」は「バーナム効果」の別称とされる。

+ 〉〉 占いや性格判断、悩み相談は、誰にでも当てはまる点があるように書かれている

+ 〉〉 曖昧な情報を受け取ると、人間は自分のシチュエーションに当てはめて解釈してしまう

+ 〉〉 その結果、誰にでもいえる情報でも「自分だけに当てはまる」と認識する傾向がある

Webサイトへの応用

「自分ゴト化」させるコピーを考えよう

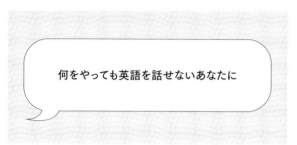

何をやっても英語を話せないあなたに

独学なのか英会話教室なのかは分からなくても、思ったように英会話を習得できなかった人が見れば「自分のことだ」と感じるキャッチフレーズだろう。しかもどのような人でも上手くいくメソッドがあるようにも感じられる、引きの強いものだ。

会話術としての活用

対面の接客で特にカウンセリングを必要とするような業種では、バーナム効果は非常に役立つテクニックだ。「現状では課題を多く抱えていますよね?」などと切り出すことで、この人は分かってくれていると印象づけ、実際の課題などをヒアリングしやすくなる。

デザインに活かす三箇条

- 〉〉 あえて曖昧な言い方で自分のことだと思ってもらう。
- 〉〉 「ずっと」「そろそろ」など幅を持った時制を使ってみる。
- 〉〉 多少でも心当たりのありそうな問題提起で具体的な課題を引き出す。

フォールス・コンセンサス
みんな自分が普通だと思っている理由

False Consensus Effect

KEY WORD

フォールス・コンセンサス／ False Consensus Effect

自分の考え方を他の人に投影する帰属バイアス。統計的確証がなくても、「存在しない合意（False Consensus）」があるかのように感じること。他人も自分と同じように考えていると思いたがる傾向があり、自分の意見・信念・好みが実際よりも一般大衆と同じだと思い込む傾向がある。

おでんにつけるのはからし？ 味噌？

あなたはおでんを食べる時に何をつけるだろうか？ 関東の人であればからしだろうか。調べてみると味噌、柚子胡椒、ポン酢、生姜醤油など多岐にわたる。出身地などによって異なるだろうがいずれにしても、皆それがスタンダード、多数派だと思っているのではないだろうか。

このように自分の選択を多数派と思い込む傾向をフォールス・コンセンサスという。周りから見たら変わり者でも、本人は普通でつまらない常識人と思っているというのもこれによるものだ。

フォールス・コンセンサスはマーケティングに活用できるのか？

これを活用して何か効果的な訴求をするというよりは、この傾向に引きずられないように対策が必要だろう。販売者側がいくら良い商品だ、相場よりお得だといっても、こういったサービスはいくらぐらいが相場、この商品は機能が少ない、などと自身の判断で高い安いと思われてしまう可能性がある。ここで一番効果的なのは第三者による評価やクチコミなどの客観的データなので、積極的に収集し活用するのがいいだろう。

またフォールス・コンセンサスといっても、人が自身の基準に絶対の自信を持っているわけではない。自分の判断は正しいのか不安に思っている部分もあるので、そういった面の後押しという意味でも大多数の客観的データは有効だ。

1970年代に登場した用語

フォールス・コンセンサスという考え方は、スタンフォード大学の社会心理学者リー・ロス（Lee Ross）らによって1977年に初めて定義された。ロスは、その他にも「敵対的メディアバイアス」や「反射的逆評価」「ナイーブ・リアリズム」など現在では教科書に載るような、認知バイアス現象を多く指摘した人物。

DIGEST

+ 〉〉 人は実際以上に「自分はマジョリティだ」と思い込む傾向がある

+ 〉〉 商品やサービスにマイナスな評価をされた時、大多数もそう評価していると思われてしまう

+ 〉〉 個人の思い込みを覆すには、数字や客観的データを突きつける必要がある

Webサイトへの応用

アンケートデータで「みんなの普通」を代弁しよう

本当の常識はこうだ！と強調したい時にはアンケートデータを使って「みんなの本当の考え」を代弁するのがいいだろう。

効果を上げるには「購入者の90%がリピートしています」など具体的な数字を示すことが重要。もちろん裏付けのない数字は使えないので購入者にアンケート依頼をするなどして、さまざまな切り口でのデータを集めておきたい。

第三者評価を活用する

第三者によるアワードやランキング上位が獲得できたら、積極的に掲載していくことで説得力が増す。必ずしも取れるとは限らないので自社商品のみで投票などによるランキングをつけたり、累計売上数を出したりするといった方法もある。

デザインに活かす三箇条

- ◉ 〉〉 人は自分の考えが多数派だと思っているので注意。
- ◉ 〉〉 説得には具体的な数字や第三者による評価を利用しよう。
- ◉ 〉〉 投票ランキングや累計販売数など工夫して客観的データを作り出そう。

スリーパー効果
その情報は信頼できる情報ですか?

スリーパー効果／ Sleeper Effect

信頼性が低い情報源から得られた情報であっても、時間の経過とともに情報源の信頼性が忘れ去られ、フラットな情報として記憶される現象。情報源の信頼性の方が、情報内容より速く忘却するために起こる。仮眠効果、居眠り効果とも言われる。

なぜ根も葉もない噂が広まるのか

真実はさておき、派手なスクープばかり掲載する週刊誌が報じた有名人AとBの不倫疑惑。このようなものは真に受けず、たいていは読み流すものだろう。しかし、時間が経つと、それをどこで入手したかは忘れてしまい、「そういえば、有名人AとBが不倫していたんだ」という情報だけが記憶に残っていることがある。そして、次には情報だけがその真偽を確かめられることなく誰かに伝達されていく。こうして根も葉もない噂がまことしやかに広まっていく。SNSが普及し、誰もが情報発信者となれる現代では、その広がりの量、スピードは計り知れない。

マーケティングへの活用は?

スリーパー効果をマーケティングに応用するにあたって気をつけたい点はふたつある。ひとつ目は、情報を最初に受け取る時は、情報源の信憑性が信頼に影響するという点。経歴の怪しい専門家の解説や、誤字脱字だらけで素人のようなデザインのWebサイトで得られる情報は、信頼が得られづらい。また、伝言ゲームのような怪しい情報の伝播にいつでも対抗できるよう、つねに一次情報は、分かりやすく端的に情報を伝える必要がある。深く知るには熟読が必要でも、流し読みしても内容が把握できるような読み手を助けるキャッチコピーなどもつけるべきだ。

ふたつ目はネガティブな噂の拡散対策になるが、クレームや顧客対応をおざなりにせず、火種を最小限に抑えることだ。この際も、偽の情報が広まらないように自社からの正しい情報の発信、啓蒙を積極的に行うことが重要となる。

時間の経過で変化

同じ内容のメッセージでも、信憑性の高い送り手の方が信頼を得やすいのは当然としても、時間が経過するとともに信憑性の低い送り手からの情報でも説得効果が出るのがスリーパー効果の特徴。

文章が適切かチェック

Webサイトに掲載する情報が適切かどうかは、公開前にチェックするべきだ。自分で行う場合は初見の読者のつもりで流し読みをすることだが、書いた本人の自己チェックは難しい。できれば社内でも他の人や、読者対象に近い第三者に読んでもらうことでより客観的にチェックできる。

+ 〉〉 **情報を受け取る時は発信者の信憑性が信頼にかかわる**

+ 〉〉 **時間の経過とともに発信者を忘れ、怪しい情報も信頼性が増してしまうことがある**

+ 〉〉 **WebサイトやSNSは、自社の正しい情報を効果的に発信する場として信頼性が重要**

Webサイトへの応用

── デザイン品質にも左右される情報の信頼性

ここでいう品質は、オシャレやカッコいいなどといった印象とは少し異なる。統一されたフォントや文字サイズ、余白など、ベースとなる部分が手を抜かずにきちんと作られていることが重要。1ピクセルのズレでもほつれたスーツのようにすべてを台無しにしてしまう。

▶ https://appico.com/

── 「ユーザーは分かってくれる」ではなく「ユーザーは知らない」と思って情報発信を

類似品ほど自分たちが本物であることを積極的に PR する。怪しい会社の発信した情報であっても前述のように拡散してしまうので、自分たちのお客さんは分かってくれていると盲信せずにきちんと情報を発信すべきだろう。

── デザインに活かす三箇条

- ◉ 〉〉 **明らかなガセネタでも自身のリスクになる情報には対策が必要。**
- ◉ 〉〉 **情報の信頼性は薄れるので発信者に頼らず中身のある情報を発信しよう。**
- ◉ 〉〉 **デザインで信頼を失わないようにピクセルにこだわろう。**

プラシーボ効果
商品だけじゃなく夢も売ろう

44

KEY WORD

プラシーボ効果／ Placebo Effect

偽薬効果（ぎやくこうか）ともいう。偽薬（薬の成分のはいっていない粉の粒など）を処方することでも薬を飲んだという安心感で症状が改善されるという効果。ストレスなど精神的なことに起因する症状に効果が出ることが多い。患者に必要以上に薬を摂取させないためや、薬の治験のためにも使われる。

気持ちが体に及ぼす影響

体調不良を訴える人に「よく効く薬ですよ」とただのビタミン剤を飲ませてあげたら症状が和らいだ、ということがある。薬を飲んだという安心感が身体に作用したものだが、このように思い込みが実際の体にも作用することがあるのだ。

人間は、このように強く信じ込むことで体に変化を及ぼしたり、限界と思っていたところからさらに力を出せることがある。

PRの手法次第でユーザーの期待値を最大にできる

これは商品やサービスを体験する場合でも同じだ。予約の取れない超人気店で食事することになった時、期待値のあまり最初に出されたお水でさえも特別な味に感じるかもしれない。もしもその水が家庭と同じ水道水でも、レストランへの期待感がそう感じさせるわけだ。

これを買い物のシーンにあてはめてみよう。例えば衣料洗剤を買う時に銘柄を決めていなければ、パッケージを見たり、宣伝コピーを見て決めるだろう。その時に「〇〇配合で白くします」という商品と、「たった一度で驚きの白さに！」という商品があったらどうだろう。このふたつでは、後者の方が購入者の期待値は高くなる。

もちろん実際の性能に見合わない誇大広告は良くないし、商品によっては薬事法などによって制限される場合もあるが、せっかく興味を持ってくれたユーザーに期待値を抱いてもらうことも、サービスのうちと言える。

治験にも活用されるプラシーボ

このプラシーボ効果は新薬の治験にも利用される。成分とは関係なく薬を飲んだという行為が体に影響することもあるので、治験者にランダムにプラシーボ（偽薬）を混ぜることで薬の成分自体が効いたかどうかを判断するために利用される。

DIGEST

＋ 〉〉 プラシーボとは偽薬のことで薬効のない薬が効くことをプラシーボ効果という

＋ 〉〉 同じ味の水も、期待感によって、おいしく感じられる時がある

＋ 〉〉 同じ商品でも、PRの仕方でプラシーボのように期待感を上げることができる

Webサイトへの応用

— ## ユーザーの期待を最大化する「ドラマティックなコピー」を使う

「未体験」「劇的に」「信じられない」など、ユーザーの期待に最大限のインパクトのあるコピーを使って自己アピールをしよう。広告で謙遜しても仕方がない。

— ## 「プラシーボ効果」を視覚的にも訴求することもできる

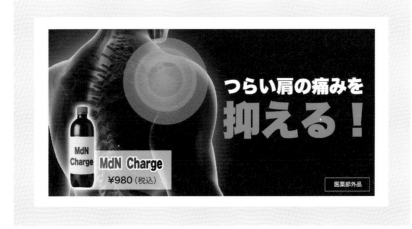

言葉だけではなく、視覚的にも「いかにも効いている」様子をビジュアルに表現することで、商品の効果やスペックの高さを伝えることもできる。

— ## デザインに活かす三箇条

- ◉ 〉〉 誇大広告や実態に見合わない表現には注意。
- ◉ 〉〉 謙遜は禁物。自分の良さを最大限にアピールしよう。
- ◉ 〉〉 ユーザーに夢を与えるのもサービスのひとつ。

ベビーフェイス効果
赤ちゃんの破壊力は万国共通

45

ベビーフェイス効果／Babyface Effect

丸顔・大きな目などといった赤ちゃんのような特徴の人やキャラクターを見ると、無意識のうちに無邪気、無垢といった印象を抱き、安心感を抱いたり警戒心が緩んだりするといった心理現象。

やっぱり赤ちゃんの笑顔は最強

赤ちゃんの笑顔を見て嫌悪感を示す人は稀だろう。虫の居所が悪い時でも赤ちゃんの笑顔を見ると、それが他人の子供であっても気持ちが和らいでしまうものだ。これは「ベビーフェイス効果」と言われ、本能的な心理変容なのだ。これは実際の赤ちゃんでなくても丸顔、大きくぱっちりした目、明るい髪、もっちりした肌など似たような特徴を持つ人や動物、キャラクターなどでも発揮される。

ちなみに生まれたての赤ちゃんの笑顔は「生理的微笑」といい、まだ自力では生きられない赤ちゃんが親などの愛情を受けて育つための防衛本能のひとつで、それを見て愛らしい、守ってあげたいと感じる大人の本能とリンクしているのだ。

かわいらしい「顔」が与える印象を活用する

これを広告やブランディングに活用したいが、すべて赤ちゃんの写真にすればいいというわけにはいかない。赤ちゃんの写真と共にPRされる美容サプリでは誰が使うものなのかも想像できない。

しかし、ベビーフェイス効果は、本物の赤ちゃんだけでなくても赤ちゃんのような特徴を持った顔であれば効果を発揮できる。先のサプリであれば、ターゲットに近い年代でもベビーフェイスの特徴を持ったルックスの女性は好感度が高く、かつ若々しいイメージもあるので適任だろう。逆に、権威を出したい場合やビジネスセミナーなどであれば精悍な男性の方がイメージに合うので、ターゲットや商品・サービスのイメージを考慮した選定が重要になる。

ベビーフェイスの特徴とは?

赤ちゃんの顔といえば、小さくて丸く、大きなクリッとした目、低い鼻、ぷっくりした唇などが特徴として思い浮かぶだろう。また、少しつきだしたように額が大きく、眉は薄い。

ベビーフェイスを計る際、顔の縦横比を用いることがある (fWHR)。この際、横幅がより広い（丸みがある）顔の方がベビーフェイスと言える。ただし、よくネットの記事でも指摘されているfWHRと青年期のテストステロンの量には、相関性がないという論文が発表されている (https://www.ncbi.nlm.nih.gov/pmc/articles/PMC5114283/)。

生理的微笑

新生児期〜生後4週間くらいの新生児期に、赤ちゃんが微笑んでいるように見える特徴的な筋肉反射のことを指す。実際には、うれしくて笑っているわけではなく、本能的に現れるもので、その時期を過ぎると大人の表情を意識して微笑む「社会的微笑」をするようになる。

+ 〉〉 赤ちゃんのような丸顔、大きな目・額を持った顔をベビーフェイスという

+ 〉〉 人間は、ベビーフェイスに対して無意識に警戒を解き、相手に好印象を持つ

+ 〉〉 キャラクターやブランディングなどにもベビーフェイス効果は活用できる

Webサイトへの応用

警戒心を解いて好感度を出したい場合のイメージ選択

どちらも若くて美しい女性だが、ベビーフェイス効果を期待するなら左の方が適切だろう。しかしクールなイメージを持たせたいなら、右の画像の方が合っているので狙いにあわせた選択がポイントになる。

キャラクターや動物でのベビーフェイス効果を活用する

動物やキャラクターでも同様の効果が期待できる。また、新たにキャラクター作成する際には、ベビーフェイス効果のポイントを外さないようにデザインするといいだろう。

デザインに活かす三箇条

- ❍ ⟩⟩ **丸顔・大きな目・明るい髪など赤ちゃんに似たイメージを使う。**
- ❍ ⟩⟩ **キャラクターを新規で作るならベビーフェイス効果を考慮して作画する。**
- ❍ ⟩⟩ **訴求したいイメージにあわせた選定がポイント。**

ディドロ効果
揃えたくなる心理をくすぐる

46

KEY WORD

ディドロ効果／ Diderot Effect
美しいガウンをプレゼントされたフランスの思想家ドゥニ・ディドロ（1713–1784）が、それに見合うように書斎の家具なども高価なもので揃え直してしまったというエピソードが語源。高級品などの新たな価値を手に入れた時にそれに合わせて、所有物や環境などを統一させようとする行動心理。

揃えたくなる心理のきっかけは？

気になっていた高級ブランドのイスを奮発して購入したら、それに見合わないその他の家具も気になり、カーペット、テーブル、照明なども同じブランドで買い揃えてしまった。実際に行動に至ったかはさておき、誰しもその気持ちにはある程度想像がつくのではないだろうか。誰しも身の回りや趣味などを、このブランドやテイストで揃えたいという願望はあるだろう。ひとつでもそれを手に入れてしまうことで欲求が倍増され、行動にうつりやすくなるのだ。

揃えたい心理を購買に繋げる

この揃えたい心理は高級品に限ったことではない。根幹の欲求は一貫性を求めてのことなので、マリンスポーツ好きが高じて海辺に引っ越し、ハワイアンテイストなファッションになったりするのも同じ心理によるものだ。

これを購買に活用する例としてはシリーズ化だ。例えば多くのブランドは〇〇シリーズといった感じで同じ素材やデザインで財布、キーケース、名刺入れ、カバンなどを出している。このシリーズの効果によって購入者は財布を買ったらキーケースも欲しくなってセット買いすることがある。そしてその時に今使っているキーケースが買い替え時かというのはあまり考慮されることはない。

オンラインショップであれば、カテゴリーや特集でシリーズやコーディネートした商品を見せるのも効果的だろう。特にアパレルやインテリアなど、憧れているスタイルがあっても商品のセレクトが難しいという人も多いので、完成形とそれに必要な商品一覧を見せることで、まとめ買いやセット買いに繋がりやすくなるだろう。

ディドロ効果の名付け親

文化人類学者のグラント・マクラッケンが1988年に刊行した著書『文化と消費とシンボルと』（1990年，勁草書房）の中で「所有物の調和を求めて次々とモノを消費してしまう」ことの例えとしてディドロ効果と名付けた。

DIGEST

＋ ›› ある新しい商品をひとつ手に入れたことで、他もそれに見合うものが欲しくなる

＋ ›› この消費行動のことをディドロ効果という

＋ ›› ディドロ効果が適用される場はゲームアイテムのコンプリートから家具など幅広い

Webサイトへの応用

ゲーミフィケーションも参考に、揃えたくなるシリーズの仕掛けを

ゲームアプリの課金アイテムなどに有効だが、揃えたくなるきっかけは、最初のひとつを手に入れることなので、アイテムのうちでややレアなアイテムを無料でプレゼントするといい。それが気に入ったものであれば揃えたくなる心理にスイッチが入る。さらに、すべてを揃えるともらえるインセンティブも効果的だ。揃える期間を限定にすれば稀少性の原理（P.140）も働くことになる。

ポケモン図鑑（『ポケモン GO』公式サイト）

▶ https://www.pokemongo.jp/howto/
　 pokemon_04/

理想の世界観やライフスタイルをまるごと提案しよう

リビングルームコーディネート

SummerStyle

爽やかな夏の風を感じるスタイリッシュなリビング
白で統一したソファやカーテンにアクセントとして幾何学模様のクッションを。清潔感と爽やかさの中にも都会的な雰囲気を演出することができます。

使用アイテム

ソファ	プリントクッション	ソファテーブル	テーブルランプ
¥260,000 (税別)	¥8,000 (税別)〜	¥220,000 (税別)	¥86,000 (税別)

特にアパレルやインテリアなどは単品だけではなく、どのように揃えるかをコーディネートしてディスプレイすることで、さらに具体的になって、魅力が伝わる。それぞれの商品への導線をページ内に設けたり、まとめ買い機能などをつけると、あわせ買い狙いにはさらに効果的だ。

— 商品をコーディネート済みで提案することで、商品の利用イメージがわきやすくなる

— 関連アイテムを一覧にすることであわせ買いがしやすくなる

デザインに活かす三箇条

- ◉ ≫ **揃えたくなる気持ちのトリガーは最初のひとつを手に入れること。**

- ◉ ≫ **期間限定・数量限定のシリーズにすることで効果倍増。**

- ◉ ≫ **揃えることで手に入るライフスタイルを見せてあげよう。**

暗黙の強化
褒められてないのに褒められた気がする

47

Implicit Reinforcement

暗黙の強化／Implicit Reinforcement

直接的に評価を下すのではなく、比較対象を褒める（けなす）ことで相手の学習意欲に差が出るという、リー・セクレストが 1963 年に発表した論文がもと。例えば弟に「お兄ちゃんは成績も優秀で偉いね」ということで弟は暗に「あなたは勉強ができない」と言われているように感じ、やる気をさらになくす。

間接的に本音を伝えられる

「同期の A くんは仕事ができるな」などと言われたら、直接的に否定されたわけではないが、暗に「君は仕事ができない」と言われているような気にならないだろうか。しかし逆に、「A 君って気難しくて話しかけづらいね」などと話しかけられたら、自分は性格が良くて話しやすい人と言われているように感じるだろう。

暗黙の強化とは、このように比較対象を評価することで間接的にもう一方の特徴を引き立てることをいう。伝える側も直接的に評価を伝えるわけではないので本音を伝えやすいのではないだろうか。

広告に活用する際の注意点

相手を褒めるのであれば直接伝えればいいと思うが、自社の製品やサービスをアピールする場合は自画自賛ではあまり伝わりづらいので、この暗黙の強化が効果的だ。海外では過激な比較広告も多く、ペプシとコカ・コーラや、アップルとマイクロソフトの比較広告などは有名な事例だ。

しかし日本では、海外と若干状況が異なる。まず、あまり過激にライバル社を貶めるような広告は快く思わない人が多く、あまり派手にやってしまうと逆に自社の評価を貶めることにもなりかねない。

そこで同じように比較広告をする場合でも、比較対象を不特定多数にしたり、A 社・B 社などと特定できないような間接的な表現に変え、ユーザーの選択候補となりうる比較対象を設定して比較することで、自社のメリットを間接的に感じてもらえるようにするのがいいだろう。

「強化」とは？

行動心理学において「強化」とは、どのようなタイプの先行刺激であっても、結果として人の将来の行動を強める（強化させる）ことになるものを指す。例えば、箱の中の鳩がキーの部分に触れると餌が出てくるという経験を積むうちに、頻繁にキーをつつく行動をするようになる時、「餌が出てくること」が「強化（reinforcement）」であり、「餌」は「強化子（reinforcer）」と呼ばれる。

コカ・コーラを挑発するペプシのCM

コカ・コーラよりペプシの方が美味しいと言った人の方が多いというアンケート結果をそのまま CM にしたり、コカ・コーラのドライバーがペプシを飲んでいるというシチュエーションなど直接的に比較した CM を数多く打っている。

+ 〉〉 **比較される相手を褒めたりけなされたりすると、人は間接的な自分の評価として受けとる**

+ 〉〉 **この、間接的に自分が褒められたりけなされて感じる影響を「暗黙の強化」という**

+ 〉〉 **ライバルや比較対象を評価することで自身の評価をあげる手法にもなる**

Webサイトへの応用

── 不特定多数を比較対象とする

類似品にご注意ください。

A社、B社などと比較データを並べる方法でなくとも、「類似品にご注意ください」とひとこと書いてあるだけでも、「この商品にはライバルが多数あり、しかもこれが本家なんだ」という情報が伝わる。また、真似されるくらいの人気の商品だと感じさせることもできる。しかも特定の他社を貶めているわけではないので、心証も悪くならない。

── ライバルを想起させることで、間接的に刺激を与える

合格を目指す夏は、
ライバルに差をつける夏。
MdN予備校夏期講習生募集中

「夏休みを使って成績アップしよう」といった率直なコピーももちろんありだが、こちらのコピーを見た人は、それぞれに自分の中のライバルを想起し、やる気が出るようになるのではないだろうか。

── デザインに活かす三箇条

- ⦿ 〉〉 比較対象を評価することで自分の評価をあげる。
- ⦿ 〉〉 直接的にライバルを貶めることは諸刃なので要注意。
- ⦿ 〉〉 消費者にライバルを想起させることで印象を強めよう。

シャルパンティエ錯覚
数字よりもイメージ?

KEY WORD

シャルパンティエ錯覚／Charpentier Illusion

オーガスタン・シャルパンティエが、1981年に初めて実験で証明した錯覚の一種。大きさ - 重さ錯覚とも言われる。人間は、サイズが大きいものは実際よりも軽く、サイズが小さいものは重いと感じる。また素材や色によっても変わり、例えば木製のものより金属の方が重いと感じる。

鉄10kgと綿10kgはどちらが重い?

子供の頃にこのようなひっかけのクイズで思わず「鉄」と答えたことがある人もいるかもしれない。

シャルパンティエ錯覚はこれに似ている。人は、目で見た時に持つイメージや思い込みによって、同じ重さのものでも実際より重く感じたり、軽く感じたりする。この錯覚は、実際の重さに慣れてしまったあとでも主観としては取り去れないという。

このような例もある。ベンチプレスで100kgを上げられない人が99kgの重りは上げることができた。これは筋力的には100kgのポテンシャルがあるが、3桁という数字のイメージに囚われてハードルになっているためと考えられる。ちなみに99kgを上げられた人は「100kgなんて自分が上げられる重さプラスたった1kg」とイメージが更新されることで、100kgも上げられる可能性が高くなるそうだ。

イメージを利用して数字の力を倍増しよう

実物に触れさせることができない広告においては、数字の力は強力だ。「たくさん」などより「野菜350gの入ったスープ」の方が具体的である。しかし、それはどのような量なのか、ほとんどの人には分からない。では「1日分の野菜が入ったスープ」と言ったらだいぶんイメージが変わるだろう。

また、数字を効果的に使う時には、単位にも気を配ろう。「ビタミン5g配合」より「ビタミン5000mg配合」の方がビタミン豊富という印象が強い。逆に1000kgよりは1トンの方が多く感じるだろう。このように数字の見せ方をひと工夫することで訴求力も変わる。

引越の段ボールが白い理由?

色の違いでも感じる重さが変わる。これは色が明るいほど軽く感じ、白を1とした時にもっとも暗い色の黒は約1.87倍重く感じる。これを考慮し、作業の負荷を軽減するために多くの引越し業者が白い段ボールを採用しているのだ。

参考:「モノは色で売れ、人は色で集まる 〜 色から感じる重さ、人の心理とは 〜」
http://www.navipara.com/color/col001.html

大きさを表す数字

他にも「50haの広大な敷地」を「東京ドーム10個分の敷地」というなど大勢がイメージできるもので表現することで非常に伝わりやすいコピーとなる。

DIGEST

+ ›› 人は、同じ質量のものならば、小さい方が重く、大きな方が軽いと錯覚する

+ ›› 色や素材によっても、同様に錯覚を起こし、その先入観が持続する

+ ›› PRしたい効果やサイズなどは、錯覚も考慮して最大限の効果が得られる見せ方をしたい

Webサイトへの応用

ー 画像と組み合わせて訴求力アップ

言葉だけでもイメージは伝わるが関連性の高いビジュアルを組み合わせることでさらにイメージが強固なものとなる。

ー 単位を変えて印象を確かめる

ビタミン 5000mg	=	ビタミン 5g
5000MB	=	5GB

単位を変えることでイメージが変わる。必ずしも数字を大きくすればいいというわけではないので実際に当てはめてイメージを確かめる方がいいだろう。

ー デザインに活かす三箇条

- ⦿ 〉〉 **数字を出して説得力のある訴求をしよう。**
- ⦿ 〉〉 **東京ドーム○個分などみんながイメージできるもので表現してみよう。**
- ⦿ 〉〉 **単位を変えるだけでも数字の印象は変わる。**

ハロー効果
強力な魅力は人の評価を惑わせる

KEY WORD

ハロー効果／Halo Effect

対象を評価する時に、それが持つ顕著な特徴に引きずられ、評価が歪められる心理バイアス。1920 年に心理学者 E.L. ソーンダイクによって使われた。例えば、ある分野の専門家が専門外のことについても権威があると感じてしまうことや、外見の良い人を信頼できると感じてしまうことが挙げられる。

坊主憎けりゃ袈裟まで憎い

これはあるものを憎むと、身に着けているものまで憎たらしく思えるということわざだが、このようにひとつの強烈な印象が他のものの評価まで捻じ曲げることがある。

あるパーティーにいたボサボサの髪にラフな服装のおじさん。この場に似つかわしくないなと思っていたのに、数々の栄誉ある賞を受賞している芸術家だと知った途端に服装や髪型に無頓着なことすら芸術家らしいとポジティブな評価に変わったりする。他にも帰国子女と聞いただけで語学堪能で優秀な人だと思われ、わがままな性格すら海外に通用するには自己主張が重要とプラスに評価されたりする。

ポジティブにもネガティブにも働くので要注意

これをマーケティングに活用することは簡単だ。身近なところでは有名人をイメージキャラクターに起用することだ。爽やかで清楚な女優の勧めるサービスには清廉潔白なイメージがつき、トップアスリートの勧める商品はプロをも認める高品質な商品だと思われる。しかし、これがネガティブに働く場合もあるので要注意だ。起用していたイメージキャラクターの人気が陰れば、人気のないタレントしか起用できない企業と思われるし、キャラクターにスキャンダルが起ころうものなら、商品やサービスの印象に関わり、対応を間違えば不買運動にもなりかねない。

同じことは、広告の中だけでなく、日常の中でも起こりうる。初めて会った営業マンがヨレヨレのスーツであれば仕事もできなさそうと思われてしまうし、逆にビシッとしたスーツで高級時計などをしていればできるビジネスマンだと思うだろう。

ハローはヘイロー？

このハローは「Hello」ではなく、「後光」「光の輪」などを意味する「halo」のことなので、英語読みに従って、ヘイロー効果と呼ばれることもある。

DIGEST

＋ 〉〉 見た目や顕著な特徴に引きずられて評価が歪められてしまうことをハロー効果という

＋ 〉〉 有名人の推薦する人や商品などが、良いものに思えるのもこのハロー効果

＋ 〉〉 ハロー効果はポジティブにもネガティブにも働く

Webサイトへの応用

― キャラクターマスコットの印象で大きく変わる商品イメージ

有名人でなくても人の印象というのは影響が大きい。このイメージを使った保険や金融商品の広告では決して良い印象は抱かないだろう。しかし「ちょい悪オヤジ」などのキャラクターなら、使いどころによってはポジティブに働くこともあるだろう。

― 権威や人気のある人に推薦してもらう

有名人の推薦文はイメージに大きく影響をする。著者名を知らなくても「〇〇〇が絶賛した」などと聞けば興味を持たれ、そのイメージを持って内容を読むので内容如何に関わらずポジティブに読んでもらいやすくなる。

『寿司修行3カ月でミシュランに乗った理由』（2016年，ポプラ社）の表紙では、推薦者と著者の写真が並んで掲載されている。著者を知らなくても推薦者を知っている多くの人の目に留まるだろう。

― デザインに活かす三箇条

- ◉ 〉〉 **学歴や肩書きはここぞとばかりに活用しよう。**
- ◉ 〉〉 **有名人を起用してその人のイメージをお裾分けしてもらおう。**
- ◉ 〉〉 **ネガティブにも働くので使用するイメージには注意を払おう。**

コンコルド効果
人は損をしても投資を無駄にしたくない

Concorde Effect

KEY WORD

コンコルド効果／Concorde Effect

サンクコスト効果ともいう。ある対象への金銭的・精神的・時間的投資をしつづけることが損失に繋がると分かっているにもかかわらず、それまでの投資を惜しみ、投資がやめられない状態。超音速旅客機「コンコルド」の商業的失敗が由来。

もったいない気持ちが冷静な判断を阻害する

頑張って手に入れた人気チームの観戦チケット。しかし当日は嵐で外出するのは得策ではないし、その試合は TV 放映もある。冷静に考えたとすれば、家で観戦する方が快適なはずだ。

しかし「せっかく取ったチケットだから」と出かけてしまう。このような時、人間の心にはチケットの代金や手に入れるための労力を無駄にしたくないという気持ちが働いているのはたしかだ。

もったいない心理を引き出すには

これをマーケティングに活かすには、これまでに投資した努力や額を可視化することがポイントになる。例えば「5,000 円以上購入で送料無料」という EC サイトで 4,500 円分の買い物をするのはもったいないと感じるだろう。知らなければそれまでだが、決済時に「あと 500 円で送料が無料になります！」とすかさずメッセージを表示すれば、送料無料の権利を放棄しないためにあと 1 品、購入してみようかという気になる人は多い。

また、「もったいない」気持ちになる投資とは、単にお金の価値だけではなく時間や労力も含まれる。もしも、ポストに投函されていた無料の来店クーポン券なら、もともと苦労もせず得たものなので、使わず捨てることにも抵抗はない。しかし、10 回目の来店時にもらった割引クーポンは 10 回通ったという労力への対価なので、せっかく自分の努力で獲得したものを使わないともったいないと感じるものだ。

ギャンブラーの誤謬（ごびゅう）

ギャンブルにおいて、コンコルド効果は非常に働きやすいが、さらに「ギャンブラーの誤謬」という心理現象も働く。これは例えば 100 分の 1 で当たるスロットで 100 回、200 回とハズレを引き続けると、「そろそろ当たりが来るはず」という具合に合理的な予測ができなくなってしまう状態をいう。もちろんこのスロットは 2 回目だろうが 1000 回目だろうが当たる確率は常に 100 分の 1 なのである。

DIGEST

＋ 〉〉 投じたコストを無駄にするのが「もったいない」ため、さらにコストを投じてしまう心理

＋ 〉〉 コンコルドの開発は過去の投資を惜しんで投資を続けてしまった代表例

＋ 〉〉 「もったいない」と思う心理を利用したマーケティングの仕掛けに応用できる

Webサイトへの応用

ポイントカードのポイントで継続と達成を促進する

獲得ポイントやランクの可視化や期限の設定などで、うまくユーザーのモチベーションを保っている。また、新商品の先行購入やプレゼントなど、ファンであれば高ランクを維持したい仕掛けも施されている。

会員ランク制度を活用して「損はしたくない」と思わせる

ポイントに有効期限があるサービスの場合、期限の告知を行う方法が重要になる。近日中にポイントが消失してしまうとなれば、使わなければもったいないとアクションを行う消費者は多いからだ。

また、お客様のランク制度を用いて「来月もゴールド会員のランクを維持いただくには、あと〇〇〇円のご購入が必要です」などと助言を与えよう。これらは、あらかじめ自分の行動の対価として手に入れたものなので、「失いたくない」という心理が働きやすい。

デザインに活かす三箇条

- ◉ ›› **お金や時間、労力。投資したものは無駄にしたくないと考えられる。**
- ◉ ›› **ポイントはお客様が使いやすく、貯めてみようと思えるルールに。**
- ◉ ›› **お客様は自分の投資で手に入れたものは失いたくないと思う。**

エピソード記憶
ストーリー仕立てで人の記憶に深く残そう

エピソード記憶／Episodic Memory

エピソード記憶とは、宣言的記憶のうちのひとつであり、覚えた時や思い出す時の文脈（時間や場所）、その時の感情が深く関連する記憶。また、エピソード記憶は、もうひとつの宣言的記憶である意味記憶（事実と概念に関する記憶）と相互に関連している。

エピソード記憶と意味記憶

人間は、無意味な文字列を暗記した場合、その20分後には42％を忘れてしまうと言われている。また、「豚肉はビタミンBが豊富」といった意味のある事柄でも、少し時間が経つと「牛肉だっけ？」「ビタミン何だっけ？」となってしまう。このように、物事を概念として覚えることを意味記憶という。一度では定着しない事柄であったとしても、繰り返すことで定着度は増すが、ふとしたことで思い出せなくなることもある。

一方エピソード記憶とは、体験を通して事物を覚えることだ。例えば「先月検診の結果を聞きに行ったら、お医者さんに『あなたはビタミンBが足りてない。もっと豚肉を食べなさい』と言われた」というような出来事の記憶だ。しかし前述の例と比べても「ビタミンBには豚肉」ということが強く記憶されるだろう。エピソード記憶では、何をどこで誰がいつ言ったのかを手がかりにしながら記憶する。また、「診察したお医者さんがいい人だった」とか「病院で消毒液の匂いがしてた」など、五感や感情もセットで記憶され、それが手がかりになって記憶が引き出しやすくなる場合もある。

商品を覚えてもらうために効果的

このエピソード記憶を利用したCMは数多い。例えばリクルート社の結婚するカップルのシーンに合わせ「プロポーズされたら、ゼクシィ」というコピーの出るCMを見たことはあるだろうか。これはカップルが結婚するというストーリー記憶を使って「ゼクシィ」という言葉を記憶させている。プロポーズ、結婚というライフイベントとセットで記憶してもらうことで、恋人にプロポーズされた、家族が結婚することになった、といった状況で思い出してもらえる可能性が高くなるのだ。

記憶保持の3段階

記憶には、1/4秒から1秒程度ときわめて短い保持時間の「感覚記憶」（視界から得た情報や音など）、15〜30秒程度の「短期記憶」（電話番号を復唱するなど）、そして長期にわたって記憶される「長期記憶」がある。エピソード記憶や意味記憶は、「長期記憶」の段階の記憶といわれ、ほぼ永久に記憶された状態が持続する。

なお、「長期記憶」には、自転車の乗り方などの技能的な「手続き記憶」もあり、出来事や概念に関するエピソード記憶や意味記憶は、「宣言的記憶」に分類される。

+ >> 覚えた時や思い出す時の文脈が深く関連する記憶をエピソード記憶という

+ >> 特定の時間や場所に関係しない一般的な情報の記憶を意味記憶という

+ >> エピソード記憶と意味記憶は関連しあっている

Webサイトへの応用

―　**誰もが体験したことがあるイベントとリンクさせて「エピソード記憶に訴える」**

「夏祭り・浴衣で食べるアイス」などとシーンに紐付けて PR することで「夏になると思い出して食べたくなる」というイメージ付けができる。ただし他の季節とは縁遠くなる面もあるのでストーリー設計は慎重にすべきだ。

―　**効果や効能を「シチュエーションで伝える」ことで記憶に結びつける**

「肩こりにはこの商品」では意味記憶になり、症状を正しく把握してはじめて商品が探されるので、「デスクワークで頭が重いなと感じたら○○」などと多くの人がよく思い当たるシーンと合わせてエピソード記憶させると効果的だ。

―　**デザインに活かす三箇条**

- ◉ 〉〉　**記憶の方法は意味記憶とエピソード記憶の2種類。**
- ◉ 〉〉　**エピソード記憶の方が覚えられやすく、思い出されやすい。**
- ◉ 〉〉　**紐付けるエピソードは商品・サービスとの相性をよく考えて。**

メラビアンの法則
オンライン会議は好き? 嫌い?

52

Mehrabian's Law

メラビアンの法則／ Mehrabian's Law

心理学者の Albert Mehrabian（アルバート・メラビアン）が 1971 年に『Silent messages（非言語コミュニケーション）』で発表した法則。コミュニケーションの際に視覚情報が 55％、聴覚情報が 38％、言語情報が 7％の割合で影響を与えるとされる。

この数年で普及したオンライン会議

2020 年に起きた新型コロナウイルス感染症パンデミックにより非接触でのコミュニケーションを余儀なくされ、数多くの企業でもオンライン会議が導入された。それによってオンライン会議の有用性を知るきっかけとなり、現在も多くの企業が利用を続けている。

ただし、人によりオンライン会議は好き嫌いが別れている状況も見られる。単純な好みの場合もあるが、オンラインコミュニケーションの特徴を理解し、上手く使いこなせているかでも印象は変わるだろう。

オンライン会議のメリット・デメリット

メリット	デメリット
・時間や場所の制約が少ない	・相手の理解度が分かりづらい
・会議室など場所の確保が不要	・メンバーの集中を保ちづらい
・録画など履歴を残しやすい	・一体感がなく、活発な議論がしづらい

一例としてオンラインコミュニケーションがスムーズにいかないという場合、お互いにカメラをつけていないケースが多い。人はコミュニケーションの際にさまざまな方法で情報取得を行っており、以下のような割合で情報取得をしている（メラビアンの法則）。カメラを切った状態で話されると 55％に当たる視覚情報を得られない状態でコミュニケーションを取っていることになる。

3V の法則（7-38-55 のルール）

メラビアンの法則は、言語情報（Verbal）、聴覚情報（Vocal）、視覚情報（Visual）の頭文字を取って「3V の法則」と呼ばれたり、それぞれの割合から「7-38-55 のルール」とも呼ばれたりする。

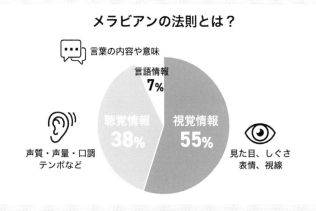

メラビアンの法則とは？

言葉の内容や意味　言語情報 7%

聴覚情報 38% 声質・声量・口調 テンポなど

視覚情報 55% 見た目、しぐさ 表情、視線

また、聞き手だからいいかとカメラを切っていると、話す側からするときちんと聞いてくれているのか、理解できているのかということが読み取りづらくなり、話しづらさを感じる。これは一例であるが、オンライン会議の参加者はすべてカメラを ON にするという取り決めをするだけでも会議の質が向上する。

他にも雑音に対して人は強いストレスを感じるので、音声環境が悪かったり、キータイピングの音を拾っていたりすると高ストレスな状態になる。これは雑音を発している側は気づきづらいので互いに注意を促すようにするとよいだろう。

もちろん対面での会議にもよい点はあるので、状況や目的に応じて使い分けていくことがこれからのビジネスシーンでの最適解ではないだろうか。

DIGEST

+ ›› コロナ禍によってオンライン会議を余儀なくされたが、有用性を知るきっかけにもなった

+ ›› カメラを切った状態ではオンライン会議がスムーズにいかないことが多い

+ ›› メラビアンの法則によれば視覚情報は55%の割合で影響を与えている

オンライン会議に役立つツール

オンライン会議システム

zoom	https://zoom.us/
Google Meet	https://apps.google.com/intl/ja/meet/
Microsoft teams	https://www.microsoft.com/ja-jp/microsoft-teams/group-chat-software
Webex	https://www.webex.com/ja/video-conferencing.html

オンラインホワイトボードツール

miro	https://miro.com/
Microsoft Whiteboard	https://www.microsoft.com/ja-jp/microsoft-365/microsoft-whiteboard/digital-whiteboard-app
Google Jamboard	https://jamboard.google.com/
MURAL	https://www.mural.co/

ファイル共有ツール

dropbox	https://www.dropbox.com/home
Google Drive	https://www.google.co.jp/drive/apps.html
box	https://www.box.com/ja-jp/home

稀少性の原理
3つの限定で人の心をつかむ

稀少性の原理／Scarcity

社会心理学の分野において、経済学の「稀少性」と同様に働く人間の心理。同じ内容のものであっても、需要に比べて供給が少ない時や、手に入れる手段が限られている場合にそのものの価値を高く評価し、供給が過剰な時に価値を低く判断してしまう心理バイアス。

―「〇〇限定」に惹かれる心理

さまざまなシーンで目にする「〇〇限定」という言葉。特に興味のなかったものでも「ここでしか買えませんよ」「今しか買えませんよ」と言われて、思わず購入してしまうことがある。ここには稀少性が高いものを保有する優越感や、買わずに後悔することを避けたいといった気持ちなど、色々な心情が働く。個人差はあるものの、限定されることで多かれ少なかれ、商品やサービスに対する欲求を高められていることには違いない。

― 買わずにはいられない3つの限定

限定は大きく分けると「数量」「期限」「権利」に分かれる。「数量」、「期限」は読んで字の如く。「権利」とは、会員限定など購入できる人が制限されるものだが、地域限定もそれを買えるエリアにいると意味では権利と言えるだろう。この「これだけ・今だけ・あなただけ」をいかに演出するかが限定を効果的に活用するポイントとなる。

― 市場の加熱に要注意

希少性は良いことばかりではない。狙っていないところで有名人やテレビなどに紹介され売り切れ続出に、といったケースもある。売り手としては嬉しい悲鳴だが、あまり加熱しすぎるとオークションサイトなどで異常な高値で取引されたり、昔からの愛用者が買えなくなってしまうといったことも起こりうる。そしてブームが去ると、昔からの愛用者が離れてしまっていたり、タイミングを見誤って在庫過多になってしまったりということも起こるので一過性の特需に惑わされないことも重要だろう。

ウォーチェルのクッキー実験

心理学者ステファン・ウォーチェルは、少ししか残っていない状態のクッキー瓶と、いっぱい残っているクッキー瓶を使ってクッキーの評価を尋ねたところ、同じクッキーにもかかわらず、残りが少ない状態の瓶でクッキーをもらった時の方がクッキーに対する評価が高くなった。

参考：Worchel, Lee & Adewole (1975). Effects of supply and demand on ratings of object value.

限定の条件を伝える工夫を

十分な説得力がないまま決断を迫られると、人はNOを選択する傾向がある。まず、限定を演出するにもどのような限定なのか、いつまでの期限なのかなど、限定の条件を分かりやすく伝える工夫が必要だ。その上で、相手に判断を委ねる方がいいだろう。

+ 〉〉 特段欲しくないものであっても希少性が高くなると、手に入れたいと考える心理が働く

+ 〉〉 限定品や在庫が少ないと知ると、購入意欲が高まる

+ 〉〉 希少性の種類には、「数量」「期限」「権利」＝「これだけ・今だけ・あなただけ」がある

Webサイトへの応用

タイムセールの演出でいつでも買えるオンラインショップに「期間」の限定感を

時間が限られていることに加え、売り切れてしまうかもという気持ちも重なり、購買意欲は高い状態になる。Webサイトでは実店舗のようにBGMや声がけなどで煽ることができないので、残り時間や在庫数をリアルタイムに見せることで売り場の演出をするといい。

「自分の行動で手に入れた権利は放棄しづらい」からこそ「限定権利」を目立たせる

自分の行動の対価として得た権利は放棄しづらい。あえて何かのタスクをクリアしてもらうというプロセスを踏ませることでユーザーのモチベーションも上がり、権利を手に入れた際に利用率も上がる。

デザインに活かす三箇条

- ⦿ 〉〉 限定は人の色々な欲求を刺激する。
- ⦿ 〉〉 数量・期限・権利を限定する。合わせ技でさらに効果アップ。
- ⦿ 〉〉 権利は安売りせずにハードルを上げることも重要。

ピーク・エンドの法則
人の印象はふたつのポイントで決まる

KEY WORD

ピーク・エンドの法則／ Peak-End Rule

行動経済学者のダニエル・カーネマンが 1999 年に発表した法則で、過去の経験をそのピーク（絶頂）時に
どうだったかと、どう終わったか（エンド）で判定するというもの。ピーク以外の情報が失われることはないが、
比較には使われない。

体験の中で重視されるのは、全体の中でたった2点

以下は、ある一連の体験の気持ちを時間の経過とともにグラフにしたもの
だ。好印象であった時間の方がトータルで長く、その面積も大きいが、ピー
クとラストの嫌な体験により、この経験は良くなかったと評価されるのだと
いう。

図 1

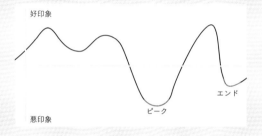

ピークはいつ訪れるのか

体験のエンドは分かりやすいのでいいが、ピークはどこになるのだろうか。
結論からいうと、ピークは人によって変わる。例えばオンラインショップで
物を買う際なら、商品をカートに入れた瞬間がピークと思うだろうが、そ
の後決済システムの使い勝手が悪ければ、そこにマイナスのピークが来て
しまう。そして「すごく使いづらいサイトだった」という評価が強くなる。

これではエンドにいい接客で挽回したとしてもプラスマイナスゼロだ。ユー
ザー行動を観察して、自社サイトにマイナスのピークができていないかを
チェックしよう。

冷水に手をつける実験

ピーク・エンドの法則のもととなった
カーネマンらによる実験のひとつは次の
ようなものだった。被験者に 14 度の
冷水に 60 秒間手をつけてもらった。1
回目はそこで終了したが、2 回目は、
60 秒間のあとに追加で 30 秒間、1
度だけ温度を上げた水に手をつけてもらっ
た。再度どちらかの実験を試してもらえ
るように質問すると、30 秒苦痛な時間が延
びるのにも関わらず、後者を希望する人
が多かった。これにより、多くの人は、ピー
ク体験は同じでも、エンド体験で評価
が歪められ、良い評価を与えることが分かっ
た。

エンドと終末効果

Web サイト施策におけるエンドでの対策
については、終末効果（P.94）を参考に
してもらいたい。

DIGEST

+ 〉〉 ひとつの体験において、一番印象深いポイントになった箇所をピークという

+ 〉〉 体験の一番最後に起こったことをエンドという

+ 〉〉 人は、ピークの印象とエンドの印象の良し悪しで体験全体の判定をする傾向がある

Webサイトへの応用

サイト離脱のポイントと割合に注目してネガティブな「ピーク」を探し出す

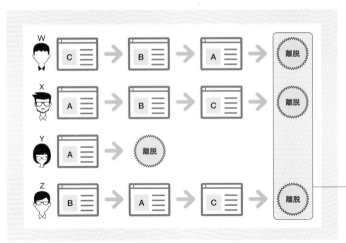

意図しない箇所での離脱が多い箇所にネガティブな体験のピークがあるかもしれない

アクセス解析のユーザー行動から、コンバージョンを達成していないのに多数が離脱しているページが見つかれば、もしかするとそこにユーザーのネガティブなピークがあるかもしれない。次に進むのには肝心な情報が不足している、次のアクションが見つけられない、ユーザビリティが悪いなど、ストレスの原因になりそうなことがないか、注意して見直そう。

エンドでは「余韻」を残す工夫で好感度を上げる

コールセンターに問い合わせて要件が終わるなりすぐに電話を切られてネガティブな印象を持ったことはないだろうか。このように去り際がそっけないとちょっと寂しい気持ちがエンドの体験となってしまう。オンラインショップでは購入が完了したら終わりではなく、今後の流れを説明する、購入商品とよく一緒に買われているものをレコメンドするなど、強制しない範囲でユーザーの離脱を惜しむと好印象だ。

デザインに活かす三箇条

- ⦿ 〉〉 **ピークとエンドの印象で評価される。総合点は関係ないので注意。**
- ⦿ 〉〉 **ユーザビリティの悪さはストレスで悪印象のピークになるので要注意。**
- ⦿ 〉〉 **エンドはあっさりしすぎない。名残惜しいくらいでちょうどいい。**

プライミング効果
無意識に意識される情報発信

KEY WORD

プライミング効果／Priming Effect

文字、単語、図形などの刺激（プライマー）をあらかじめ観測していた場合に、初めて示された刺激と比べて認知的処理が促進される現象。例えば、それとは知らせず事前にさりげなく見せていた単語カードと見せていない単語カードをシャッフルして学習させると、事前に目にした単語の方が認知が高くなる。

無意識に影響を及ぼす先行情報

「ピザって10回言って」というクイズがあったのを覚えている人も多いだろう。「ピザ」と10回言わされた後に肘（ひじ）を指差し「ここは?」と聞かれると思わず膝（ひざ）と言ってしまうというものだ。

これこそがプライミング効果を利用したものだ。ピザと体の部位には何の脈絡もないが、無意識に影響を及ぼし、肘（ひじ）を見ながらも膝（ひざ）と発話してしまうのだ。

これは会話に限らず、洗剤の香りを嗅いだ後に食事をした人の方が自発的に食器やテーブルを片付ける人が多かったといった実験結果もある。

ユーザーの無意識に語りかける

Webサイトへ応用するなら、まずコンテンツマーケティングが挙げられる。例えばダイエットに関する商品をPRするなら「夏までにやりたいことランキング　1位：体を鍛えたい　2位：〇〇〜」というようなコンテンツ。テーマは「夏までにやりたいこと」ではあるが、「体を鍛えたい」といった情報を見たことで、その後に出てくる関連した商材に気を留める可能性が高くなる。このように、直接の商品名でなくとも、先行情報として関連キーワードや想起させたい情報を与えれば、それとなく、伝えたいことを語りかけることができるだろう。

SNSやアンケートなどもユーザーがそれとなく目にする媒体なので、意識させたい内容を盛り込むことができるだろう。またデザインや写真で意識させたい事柄を想起するイメージを織り交ぜるといった手法もある。

プライムとは?

ここで使われているプライミング効果の元になっているのは、「プライム」(Prime) は、「前もって準備させる」「木や布などに下塗りする」「(銃や大砲) に弾丸を装填する」といった意味の英語の動詞。よく「プライムタイム」などで使われる「最良の」などの意味とは異なる。

DIGEST

+ ›› 先行する刺激が後からの処理に影響することをプライミング効果という

+ ›› 無意識に人へ影響を与えるプライミング効果は大いにマーケティングで利用できる

+ ›› 記事コンテンツなどを用い「意識してほしいこと」を積極的に発信するのはひとつの手

Webサイトへの応用

― メルマガやSNSで継続的に訴求し、「ユーザーの無意識に訴え」かける

ユーザーが自社のサイトやアカウントに訪れなくても目にするInstagramのストーリー機能を活用する。ただ商品のPRをするだけではなく、世界観を発信することで無意識にブランドのイメージを刷り込むことができる。

― アンケートを通じて、サイトからの提案を「無意識に意識させる」

会員登録や購入時、またはSNSの機能を使って実施できるアンケートも効果的に活用できる。保険や資産運用などの商材をPRするのであれば「老後の生活に不安がある?」といった質問をしておくことで人生設計などを意識させることができる。

― デザインに活かす三箇条

- ⊙ 〉〉 **文脈がなくても取得した情報は後に影響する。**
- ⊙ 〉〉 **言葉に限らないのでデザインで視覚にも語りかけよう。**
- ⊙ 〉〉 **SNSなどで継続的に接触できるなら刷り込みが大事。**

ブーメラン効果
人はみんなあまのじゃく？

ブーメラン効果／Boomerang Effect

ここでいうブーメラン効果とは、相手から説得や強制を受けた際に逆の行動・態度を取りたくなるという心理的リアクタンスの一種。心理的リアクタンスとは自由を制限されそうになると時にそれに抵抗しようとする人間の心理的な性質のこと。

人は自由を奪われることが嫌い

親や先生に「勉強しなさい」と言われ、逆にやる気を失ってしまった経験は誰しもあるはずだ。これは親や先生に反抗したいわけではなく「自分の好きな行動を取る自由」を奪われそうになることから起こる反発心なのだ。

そのような相手に本当に勉強させたいと思うなら、「勉強しないならもうしなくていいよ」と勉強道具を没収してみるといい。勉強をするつもりがなかったとしても「勉強をする」という選択肢を奪われそうになると「勉強しないとは言っていない」となるだろう。

押してもダメなら引いてみる

これはセールスのコミュニケーションにおいて非常に重要なテクニックだ。「すごくお得なのでこれを買ってください」と迫られすぎると、自分が選択できるお金や時間の使い道を限定されているように感じて反発したくなる。

しかし、「あなたはこの商品をお得に買う権利があります。買わないのであれば、他の人に案内しますので結構です」と案内されると、その商品を買う権利を放棄してしまってもいいだろうかと考えて、前向きに検討する可能性が高い。

前者は商品の良し悪しではなく、押し付けられている感に対する反発なので、そこにかぶせて商品の良さをアピールしても逆効果にもなりかねない。後者のように検討するための気持ちの準備をさせてから、商談に入るのがポイントとなる。

持続しないブーメラン効果

ブーメラン効果は、説得直後から時間が経過するに従って段々と効果が薄れ、行動を割り増す方向へ働く説得も、行動を拒否する方向へ働く説得も、最終的には説得がなかった元の状態とほぼ同じような状態までに戻ってしまう。つまり、効果が永続的には持続しない。

これは、スリーパー効果（P.120）では説得効果だけが残るとは異なる。

＋ 〉〉 **説得された内容とは逆の行動や態度を取ってしまう現象をブーメラン効果という**

＋ 〉〉 **自分の行動の自由が奪われると感じると、反発する態度があらわれる**

＋ 〉〉 **顧客コミュニケーションの上では顧客に制限を強いる提案には注意が必要**

Webサイトへの応用

— タイムセールで「お得な条件と期限」を提示して、あとは相手にゆだねる

Web上であればタイムセールが効果的だ。タイムリミットになったらその商品を買うという選択肢が失われるので、その前に積極的に決断しようとする。

— ワンノブゼムを嫌うあまのじゃくに効くシークレットセールの実施

キャンペーンを宣伝しようと思うと、どうしても「お得です」「今買ってください」と言いたくなってしまう。それも大事だが「シークレットセールにあなたをご招待します。興味があればチェックしてください」という告知にしてみよう。ツァイガルニック効果（P.104）も伴って見てもらえる可能性が上がる。

— デザインに活かす三箇条

- ◉ ›› 人は自由や選択肢を奪われそうになると反発する。
- ◉ ›› 押売りに思われないコミュニケーションが重要。
- ◉ ›› Yesの強要ではなく自身で選択できるようなオファーをしよう。

想起集合
まずは思い出してもらえるように

57

KEY WORD

想起集合／Evoked Set

消費者心理に関して使われる経済系の用語。ユーザーが何か消費行動を起こそうとした時に頭に思い出すブランドや店名などの集合。洗濯洗剤なら〇〇、焼肉を食べに行くなら△△といったもの。販促側はここにリストアップされることを目指す必要がある。

思い出しのトリガーを用意する

何かの商品を売りたくて大量の CM を投下、街中にも雑誌にも広告を出して、ブランド名を覚えてもらったとする。しかし、会社名やブランド名の周知はブランディングであり、売り上げに直接繋げたいなら顧客には商品名や店名を覚えてもらっていないと意味がない。認知度アップと想起集合に入ることは少し違う。

「本を売るなら〇〇」「あなたと、コンビに、〇〇」

有名なコピーだがパッと企業名を思い出せた人も多いだろう。しかもこれなら知らない人が聞いても何をしている企業か一目瞭然ではないだろうか。想起集合に入るためにはどういった商品、サービスなのかも含めて記憶してもらう必要がある。

想起集合はゴールではない

車のメーカーを思い出す際にフェラーリやランボルギーニを思い出すことはあるだろうが、購入を検討できるかというと必ずしもそうとは限らない。購入となると幅広い価格帯の車を揃えたメーカーから検討されるケースが多いだろう。

このように、想起集合の中で購入や契約まで検討されるものを考慮集合という。たとえ、中高生でも知っている自動車メーカー名だとしても、購入に至るまでの期間が長いため、ターゲットによっては想起集合に当たる。考慮集合への昇格も見込めるターゲットに覚えてもらっているかという点も重要となる。

記憶の3段階

記憶をする過程には、記録する段階の「記銘」、人の脳の中に記録されたものを保存する「保持」、そして思い出す段階の「想起」の3段階がある。保持されているものが、一定の期間を経て外側にあらわれる段階が「想起」である。または、保持されているものの中から情報を探し出すので「想起」のことを「検索」と呼ぶ場合もある。「保持」したはずのものが想起できなくなるのが忘却である。

DIGEST

＋〉〉 消費者が購入する時に、購入候補として思い出す選択肢を想起集合と呼ぶ

＋〉〉 想起集合に入らないものは、購入されるチャンスが大幅に下がる

＋〉〉 商品名やサービス名を覚えてもらい想起集合入りしたら、考慮集合に入ることを目指そう

Webサイトへの応用

── ニーズを細分化することでターゲットに「リスト入り」する

カフェは数えきれないほどありますが、コンセプトやターゲットを絞ることで具体的な印象で認知してもらうことができ、「子連れで行けるカフェ」といったニーズがあった際に候補として思い出してもらえるようになる。

── SEOを活用して、複数のキーワードで上位を目指そう

検索されそうなさまざまなキーワードで、検索上位を目指す

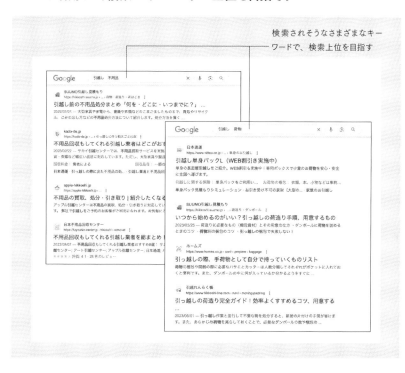

最近ではパッと思い出されなくても検索して候補に入るケースも多い。例えばリサイクルショップであれば「引越し　不用品　処分」といった検索キーワードを狙うことで想起集合を飛ばして考慮集合に入れる可能性も高い。

── デザインに活かす三箇条

- ◉ ›› 「何が得意な誰」なのかを思い出してもらえるようにしよう。
- ◉ ›› 覚えてもらう相手も重要。検討してくれそうな人を狙う。
- ◉ ›› SEO対策は効果的。応えられるニーズの検索ワードは押さえよう。

観念連合
関連性のない情報でもできる連携プレイ

58

KEY WORD

観念連合／Association

「連想」ともいう。概念や出来事、精神状態などとの繋がりが、経験などをもとにして形成されるという心理学における考え方。もともとは哲学で、知識は経験が根元となるという概念連合（プラトーとアリストテレス）の考え方を、ジョン・ロックが引き継いだもの。さまざまな心理学派で研究されている。

クルマと美女の切っても切れない関係

モーターショーといえば欠かせないのがキャンペーンガールだ。クルマの説明であればメーカーの人や開発者の方が詳しいし、なぜ必要なのかとも思えてしまうが、そこには大きな役割がある。それは、あたかも美女を虜にしたかのようにクルマが展示されていることで、デザインや性能がおのずと素晴らしく感じられてくるからだ。実際にキャンペーンガールがいた方がクルマの魅力や性能が高く評価されたというアンケート結果もある。

実際にはどのように活用するのか

観念連合は、昔から多様な場で使われている。広告などに登場するモデルや俳優などもそのひとつだ。彼らは商品に何の関わりもないが、好感度の高いキャラクターは商品の好感度向上に役立つ。このようなイメージキャラクターの利用は古典的なものだが、昨今はクチコミの力が強くなっているため、不祥事やスキャンダルがあればネガティブな連合もすぐに広がるので注意したい。

また、Webサイトであれば、デザインやユーザビリティは、商品知識の取得と同時に体験されるものなので、非常に重要になってくる。Webサイトのイメージが顧客の求める商品イメージと合っていなかったり、サイトの作りが古くさかったり使いづらいと、陳列されている商品の魅力も損なわれてしまう。さらにUIの使いづらさや分かりづらさが生み出すストレスや敵意が、運営する店舗や会社と関連付けられてしまう可能性もある。

ネガティブな連合はもってのほかだが、せっかくのプラス要素も、連合によって足を引っ張られないように気をつけるべきだろう。

商談を成功させるランチMTG

心理学者グレゴリー・ラズランが行った、飲食をしながら相手と交渉すると、ポジティブに話が進むという研究がある。雰囲気がよく味のよいレストランで食事をしている時（食事の前でも後でもないのがポイント）に話をすると相手が説得されやすくなったという。これも連合の原理によるものだ。「ランチョン・テクニック」と呼ばれる交渉術であるが、相手との信頼獲得のために活用してみるといいだろう。

DIGEST

＋ 〉〉 関連するものやできごとの経験によって、一方から他方が連想されるようになる

＋ 〉〉 一見関係のない事物が経験によって、人の記憶の中で関連付けられることは多い

＋ 〉〉 ポジティブに記憶させたいことは、ポジティブなものと関連付けて連想させるといい

Webサイトへの応用

― 好感度の高い有名人のイメージを連合させる

もっとも多く使われている観念連合の原理はこれだろう。金融や保険など幅広い年代に誠実な印象を持たれたければ、清楚なイメージの女優などが起用される。ただし有名人は費用面での負担やスキャンダルリスクなどもあるので、印象を与えるという点ではストックフォトなどで十分なケースも多い。

― イメージにあった世界観の構築

物を売るだけなら汎用的なテンプレートのECサイトでも十分だがそれでは自動販売機と同じだ。実店舗が内装、BGM、店員のキャラや制服、香りなどを駆使して商品の魅力を演出するようにWebサイト上でも商品やブランドの世界観を構築し体験してもらうことが重要になる。

▶ https://www.hermes.com/

― デザインに活かす三箇条

- ⊙ 〉〉 **有名人の起用でその人のイメージを連合させることができる。**
- ⊙ 〉〉 **ユーザビリティの悪さはブランドへの不満にも転換するので重要視しよう。**
- ⊙ 〉〉 **目的達成だけでなく、そのプロセスも楽しめるような世界観も大切。**

おとり効果
デコイの出現で変わる消費者の選択

KEY WORD

おとり効果／ Decoy Effect

おとり効果（デコイ効果）は、消費者の意思決定において、商品選択肢をふたつではなく、さらにもうひとつ加えることで、本来選んで欲しい商品を選ばせやすくすること。おとりとなる選択肢の内容によって、魅力・類似性・妥協の3つの効果がある。

周辺情報に影響されてしまう人間の心理

人は、なるべく客観的に自分の要求にあった商品選びをしようとするが、どうしても比較対象や周辺の情報に影響されてしまう。そこを上手く利用しているのがこのおとり効果だ。その名のとおり、おとりとなる価格やサービスの異なる商品を置くことで、ターゲット商品の印象を良くしたり悪くすることがある。

例えばとある本を異なる仕様で販売するとしよう。図1を見て欲しい。

図1

Case 1

A:電子書籍版　500円

B:ハードカバー・フルカラー版　1,200円

C:ハードカバー・フルカラー版・電子書籍DL付　1,300円

Case 2

A:電子書籍版　500円

B:ハードカバー・フルカラー版　1,200円

Case 1の場合、Cが1番魅力的に見えるだろう。単価の一番高い商品だが500円の電子書籍版が＋100円で手に入ることでせっかく買うならBよりはCとなる確率が高くなる。

つまりA・Bの商品をおとりにCの印象を強めた形だ。

おとり効果は有効だが、1点注意がある。このような表現の広告でおとり商品を実際には用意せずに誘導したり、極端に在庫が少なかった場合は、「おとり広告」とみなされ景品表示法違反となる。

魅力・類似・妥協の効果とは？

おとりによって、選んで欲しかったターゲットが選ばれやすくなる状態を魅力効果という。一方おとりが、ターゲットに対し多くの点で優れ一部だけ劣ったものだと、むしろターゲットが選ばれづらくなってしまう（類似効果）。また、おとりが他のふたつの中間に位置するような優劣に設定するとおとりが一番よく選択されるようになる（妥協効果）。「コントラスト効果」（P.102）も参照。

おとり広告に関する注意

おとり広告については、詳しくは消費者庁Webサイトを参考にして欲しい。おとり広告に関する表示。

▶ https://www.caa.go.jp/policies/policy/representation/fair_labeling/representation_regulation/case_002/

DIGEST

＋ 〉〉　**選択肢に、おとりとなる選択肢が加わると、消費者の選択に影響する**

＋ 〉〉　**商品選択に影響を与えるこのような選択肢が「おとり（デコイ）」と言われる**

＋ 〉〉　**おとりを上手く使うことで選んで欲しい選択肢に誘導することができる**

Webサイトへの応用

── 「全部盛り」な最上位機種をあえて用意する

MdN スポーツライン	MdN ビジネスライン	MdN Firstライン2018
メンズ　アナログ	メンズ　アナログ　タイマー　革バンド	メンズ　アナログ　タイマー　メタルバンド　夜光　ダイヤモンド埋込
¥128,000	¥144,000	¥480,000

「最上位機種」は得てして購買率は低いものの「フラッグシップモデル」として発表されることは多い。こういった商品はあえて安売りはせず、魅力をアピールすることで、逆に1ランク下の機種を引き立てる役割ともなる。また、中途半端なディスカウントは逆効果なのでこれが売れたらラッキーくらいの値付けでよい。

── 目玉商品の効果的な活用

先着**10**名様限定！

MdN スポーツライン 最新モデル
メンズ　アナログ　タイマー　メタルバンド　夜光　ダイヤモンド埋込

半額！

~~¥480,000~~ ➡ **¥240,000**

きちんと数量限定を明記した上での告知であれば問題ない。この場合は目当ての商品を買えなかったユーザーが他の商品を買ったり、目当ての商品を買った人が得できた分で他の商品を買ってくれたり、という効果が期待できる。

── デザインに活かす三箇条

- ◉ 〉〉 採算度外視の目玉商品も広告効果を考えれば有効。
- ◉ 〉〉 架空の比較対象は景品表示法違反なので絶対に**NG**。
- ◉ 〉〉 比較対象を用意して売りたい商品を引き立てよう。

寛大化傾向
マイナスの改善よりプラスを伸ばそう

KEY WORD

寛大化傾向／Leniency Bias

人が、何かを評価する際に生じやすい心理バイアス。例えば評価において、自分にとって良い特徴があるとそれを過大評価してしまい、反対に悪い特徴は過小評価しやすい傾向にあること。逆に全体に厳しく評価してしまうことを厳格化傾向という。

人が人を評価する時の難しさ

寛大効果は、人事査定などで人を評価する際によく現れる。対人関係においては、相手の欠点を探すよりその人の良いところを探してつきあう方が人間関係はうまくいく。また、悪いところばかり指摘したら査定結果を見た部下から嫌われるという配慮も無意識に働いて、つい部下の評価は寛大になってしまいがちだ。

寛大化傾向の問題は、本来の良し悪しに関わりなく「全体に良いもの」と判断してしまい、やるべき改善や修正を行わないために組織や本人が伸び悩んでしまうことにある。

欠点の克服より長所を見つめて伸ばそう

寛大化を Web サイトに当てはめて改善に役立てるとすれば、短所の修正だけに囚われず、あえて自社サイトの長所を伸ばす工夫することだ。そのためにはまず、褒められる長所を持つことが重要だ。例えばウィキペディア（Wikipedia）は特段洗練されたユーザビリティを持つとは言えないが、圧倒的な情報量は、その程度の欠点を補ってあまりある。

例えば、他では手に入らないようなレア商品を取り扱う EC サイトであれば、使いづらいサイトだとしても高く評価する人は多い。このサイトの評判をさらに伸ばす近道は、ユーザビリティを上げることではなく、よりレアな商品を多く取り揃えることだろう。

もちろんデザインやユーザビリティは良いに越したことはないが、サービスとして突出した点がないと、何か見やすそうな Web サイトだな、くらいで終わってしまう。まずは強みを見つけてそこを伸ばし、PR することが大事だ。

ハロー効果との違い

ハロー効果（P.132）も一部の特徴に引っ張られて評価が変わることだが、ハロー効果は学歴や家柄、職業など社会的に価値が高い（低い）とされているものに影響される。寛大効果は自身が受け入れられるかどうかなのでより個人の好みが出やすくなる。

DIGEST

+ 〉〉 **社内の人事考課や査定評価など、部下を評価する際に寛大化傾向が見られる**

+ 〉〉 **身内などに対して、良いところを過大評価し、悪いところを過小評価する傾向にある**

+ 〉〉 **評価者は、評価への批判や反発を恐れたり、嫌われたくないという心理に陥りやすい**

Webサイトへの応用

差別化できるサービスをアピールし、長所を強調！

「全国どこでも送料無料」「ポイント還元率〇〇％」など他社には真似できないサービスや長所があれば、ユーザーが最初に見るページで訴求をしよう。まず差別化が可能になるし、そこに魅力を感じてくれるユーザーであれば、手続きが複雑、手数料がちょっと高いなどといったことがあってもその点は過小評価される。

デザインやエンターテインメント性をこだわり抜く

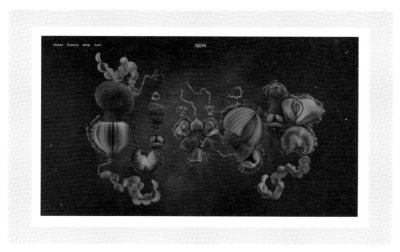

コンテンツが強ければそれだけで強みとなりうる。好きなアーティストや作品などその世界に触れているだけで幸せと思えるものであれば、ユーザビリティなどは度外視でもユーザーは満足できるのだ。

▶ https://bjork.com

デザインに活かす三箇条

- ⦿ ›› **強みを見つけてトップページで分かりやすくアピールしよう。**
- ⦿ ›› **真似のできないコンテンツ・情報はそれだけで武器になる。**
- ⦿ ›› **カッコよくて使いづらいもこだわり抜けばプラスになる。**

同調行動
流行を起こしてみよう

同調行動／Conformity

集団の中で、人々の意見がある方向に偏り、一致すること。個々人の行動や信念が、所属する団体の規範へと変化すること。意見の変化には社会規範的な影響と、情報的な影響があると見られる。M. シェリフが初めて 1935 年に同調に関する実験を発表した。1952 年のアッシュの同調行動実験が有名。

嵐のようにやって来て、嵐のように去っていく

同調の最たる例が流行（ブーム）だ。流行には特定の年代や趣味の人たちだけに流行るものもあれば社会現象と言われるものまで大小あるが、これは同調によって起こる現象といってよいだろう。

90 年代に起こったアムラー現象では多くの女性が安室奈美恵さんのファッションを真似した。しかしこの中には、安室さんファン以外に「みんながやっているファッションだから」マネしたという人も含まれるだろう。

「ブーム」の特徴は、常に圧倒的な多数派支持を得ることだ。その大半が「みんながやっているから」同調しているので、他がやらなくなれば、あっさりやめていく。こうしてブームが去っていくのだ。

同調を誘う広告の仕方とは

ブームを作りたいという気持ちをマーケターが持つのは当然ある。ではそこで、同調をどう活用すべきか。ひとつは、ターゲット層にすでに支持を得ているタレントを起用し、同調を狙うというもの。ハロー効果（P.132）も見込める。

もうひとつは「みんな使ってますよ」とアピールしてこちらが多数派であると示すことだ。使用者の声やアンケートを集め「高校生の 3 人に 2 人が使っている」などというのもよい。まだそこまでの実績がない場合は、インフルエンサーや商品モニターを使い露出を増やしてみよう。「最近よく見る」と感じさせるよう、目にする頻度を増やすことが重要なのだ。事実、海外で新興の女性下着メーカーが SNS のクチコミと送料の負担だけを条件に商品を無料で提供したところ、大きな話題を作った事例もある。

サクラを使った実験

人間の同調行動を証明したものに、ソロモン E. アッシュのサクラを使った実験（1955）がある。ひとりずつでは 100％正答の簡単な課題を、サクラを仕込んでグループで回答させたところ、サクラの意見に左右されて正答率が著しく下がったというもの。

同調行動で相手に好かれる!?

出会った人に共通の趣味があったり同郷だったりすると親近感が湧くが、相手と同じメニューを頼む、相手が飲み物を飲んだら飲むというように同じ行動をとっていることでも親近感が湧いて相手を好意的に捉えるようになる。ミラーリングの効果は、共感やシミュレーションする能力にかかわるミラーニューロンが司っていることが関係すると考えられる。

ただしあからさまに相手の真似して不快に思われたら大変だ。あくまでさりげなくがポイントだ。

＋ ＞＞ 自分の思ったことと違っても集団内で意見や行動を変えることを同調行動という

＋ ＞＞ 歌手やファッションの流行やブームなどは、同調行動が働いていると思われる

＋ ＞＞ 「みんなが使っている」という情報は、消費者の同調を促すことが期待できる

Webサイトへの応用

― ターゲットを絞って効果を強める

単に「周りの人はみんな使ってます」よりは「プロのヘアメイクの9割が愛用している」などターゲットを限定することで同一視の同調になり、効果が上がる。

― 自社のデータがなければ一般論を利用しよう

自社製品の統計データがない場合などに有効なのは一般的な統計データの活用だ。例えば「社会人の8割が30代で生命保険に加入しています」といった情報があれば、それと合わせて保険の検討を進めることができる。

― デザインに活かす三箇条

- ⊙ 〉〉 「みんなが使っている」を演出してブームに火をつけよう。
- ⊙ 〉〉 最初は憧れの人と同じことをしたい（同一視の同調）を狙おう。
- ⊙ 〉〉 ブームは去るのも早いので固定ファンの獲得も忘れずに。

損失回避性
ユーザーは乗り換えにどのような不安を抱く？

62

Loss Aversion

損失回避性／Loss Aversion

「今持っている権利や富を失うかもしれない」ことが、「新たに得するかもしれない」行動を阻む、行動経済学で説明される現象。お金を例に挙げると、所有している5万円を失う痛みの方が、5万円を手に入れる幸運よりはるかに大きいと考える傾向など。

損をしたくないから選択できない

人は何かを決定する時に損することを避けたいと考える。例えばコーラを買う時に「買ってみて美味しくなかったら嫌だな」と思う人は少ないだろうが、なじみの飲食店に行くか、初めての飲食店に行くかや、使ったことのない商品やサービスを契約したり、乗り換えたりする際には、誰しも「自分に合わなかったらどうしよう」「自分には使いこなせず無駄にしたらどうしよう」などと考える。そしてその不安を払拭できる納得感がなければ、「やっぱりやめておこう」となる。

これはオンラインショップが昔から抱える課題のひとつだ。画像やテキストで商品を伝えるしかないので手触りや微妙な色合いなどは伝えづらい。特にアパレルなどは詳細に寸法が書かれていても試着にはまだ劣る。さまざまな手法で昔よりは商品をイメージしやすくはなっているが、「洋服だけはネットでは買わない」という人も少なくない。

不安を和らげるための対策とは

この不安を払拭するために一番効果的な方法は、無料お試しや、全額返金保証、返品保証だ。「合わなかったら損をする」と考えているのだから、失うものは何もないと担保すれば、決心しやすくなる。

洋服や靴などは、試着してみて気に入らなければすべて返送OKといったサービスを展開しているところも多い。また、コンバージョンに繋がらないWebサイトでは、そもそも画像とテキストで納得に至るだけの情報量が提供できていないケースもしばしば見受けられる。まずはユーザーが検討にあたって十分な情報量が提供できているかも見直してみるべきだろう。

後悔したくない気持ち

人は基本的に後悔することを恐れているので、自分の選択が後悔に繋がらないかを検討し、不安が払拭できなければそもそも決断をしないということが多々ある。これは損失回避性の他にも検討できない選択肢が多い場合にも起こる（「ジャムの法則」P.62）。

＋⟩⟩ 人は、得をしたい気持ちより損をしたくない、という気持ちが強い

＋⟩⟩ 契約中の特権を失う場合はその損失を大きく感じるため、乗り換えがしづらくなる

＋⟩⟩ 乗り換えや新規の購入を促すには、損失に対する不安な気持ちを取り払う必要がある

Webサイトへの応用

不安を取り除くための返金保証が、不安材料にならないように注意を

すごく効きそうだけれど、その反面信じられない。失敗したら嫌だな、と思う気持ちは高価な商品になればなるほど強くなる。そこで、返金前提はひとつの安心材料となる。

ただし、返金条件が現実的でないほど厳しいものとなると、「あそこは返金保証をうたっているが返す気がない」などといった印象が広まってしまうリスクもあるので条件の設定は顧客優位にして、広告費の効率化なども含めた成果を検証するのがいいだろう。

無料「お試し」にしては残念体験になる

例えばパーソナルジムに入会を検討するため、無料体験に行ったら「体験なので新人のトレーナーが担当します」と言われたらどうか？ 訪れた人はジムの指導レベルを判断できず、入会コストに見合ったものが得られるかという来店の不安を解消することはできないだろう。また、お試しなので時間を半分にします、などというのもあまりよくない例だろう。

ジム側にも人件費もかかるのに、顧客候補を失ってはメリットがない。重要な検討段階だからこそ、経験をつんだトレーナーが通常と同じメニューを1回分きっちり提案する方が効果的だ。無料の「お試し」とは思えないサービスを受ければそこに「返報性の原理」（P.74）も働き一石二鳥だ。

デザインに活かす三箇条

- ⊙ ⟩⟩ **ユーザーはみんな「自分に合わなかったらどうしよう」という不安を持つ。**

- ⊙ ⟩⟩ **不安を払拭し、納得してもらうにはまずは十分な情報提供を。**

- ⊙ ⟩⟩ **お試し、無料サンプルは損して得取れ。お客さんの満足度を重視しよう。**

ラベリング理論
ラベルがユーザーに与える影響

63

KEY WORD

ラベリング理論／Labeling Theory

社会学者 H.S. ベッカーが、1960年代に提唱した。人物の特性は、周囲から貼られる特定のレッテルが大きく影響し、そのレッテルのもとにアイデンティティや行動パターンを形成するようにもなるという理論。逸脱行為は逸脱者が作り出す行為でなく、規則を作り執行する側が、作り出すものと指摘した。

落ちこぼれは環境が作り出す？

赤点を取った生徒に「やっぱりお前は落ちこぼれだな」と言ったとする。いわゆるレッテルを貼るというものだが、これによって言われた側は自分は落ちこぼれだと認識し、「勉強しても無駄」、「落ちこぼれだから赤点を取るのは当たり前」などと考えるようになり、結果、自習をしなくなったり授業をまじめに聞かなくなるなど、レッテルに沿った考えや行動を取るようになってしまう。

もしも「お前が赤点を取るなんて珍しいな」と言われたら、「自分は赤点を取るような人間ではない」と考え、その後も積極的に勉強に取り組む可能性が高くなる。このように、レッテルを貼ることはその人の行動・思考に大きな影響を及ぼす。

ラベリングは消費者の行動も変える

このラベリングは消費者の行動にも大きな影響を与える。例えば「カープ女子」などがいい例だ。野球観戦といえば仕事帰りのオジサンが多く、若い女性の娯楽としてはとっつきづらいイメージだった。しかしこのラベリングによって、女性が野球観戦をすることのハードルが下がり、そのレッテルに憧れる女性は積極的に関わるようになる。実際に広島カープ戦は女性ファンの動員数も増えている。

「スイーツ男子」も同様だ。これまで入りづらかったスイーツバイキングやケーキ店に男性だけでも入りやすくなるし、店舗側からは新たなターゲットの取り込みを可能にした。このように、ラベリングは今まで関わりづらかったもののイメージを変えたり、新たなターゲットを開拓するのに効果的だ。

逸脱者は誰が決める？

以前は逸脱する人はその人自体が逸脱していると考えられていたが、ベッカーは著書『アウトサイダーズ』の中で「社会集団は、これを犯せば逸脱となるような規則をもうけ、それを特定の人々に適用し、彼らにアウトサイダーのラベルを貼ることによって、逸脱を生みだす」と述べ、逸脱者は当人と社会の相互作用によって生まれると唱えている。

DIGEST

＋ ›〉 **相手の素行や態度からレッテルを貼る行為をラベリングという**

＋ ›〉 **ラベリングは、その内容によって相手のその後の行動や規範を変えるような影響を及ぼす**

＋ ›〉 **ポジティブなラベルづけは、新規顧客の呼び込みや新規ジャンルの開拓に役立つ**

Webサイトへの応用

— ユーザーを育てるレッテルを貼る

例えば何かのセミナーを開催した際には参加者に対して「向上心の高いみなさん」「問題意識の高いみなさん」といったラベリングをすることでそのセミナーに参加するモチベーションやロイヤルティの向上に繋がり、満足度やリピート率にもいい影響が出るだろう。これは特に自己投資の商材には効果的だ。

— 顧客の望まない「ラベリング」はマイナスに働く

誤ったラベリングは逆にユーザーを離れさせてしまう。例えば「シニア割引」と銘打ったがために実際には該当の年齢でも自分をシニアと認めたくないからサービスとしても受けたくないと思われてしまったり、低カロリーな料理のコースを「レディースコース」と名付けたせいで低カロリーな食事をしたい男性が頼みづらくなってしまうといった場合もあるので、ラベルの付け方は慎重にすべきだろう。

— デザインに活かす三箇条

- ◉ 〉〉 ラベリングすることでユーザーの行動・思考は変えられる。
- ◉ 〉〉 自分に関係ないと思っていた商品・サービスの売り込みに効果的。
- ◉ 〉〉 ラベルを間違えるとターゲットに敬遠されてしまうので要注意。

ウィンザー効果
第三者の声を活用する

64

ウィンザー効果／Windsor Effect

第三者から間接的に情報が伝わることで、信憑性や信頼性が増す心理効果。アーリーン・ロマノネス著の半自伝的ミステリー小説『伯爵夫人はスパイ』に登場するウィンザー公爵夫人のセリフ「第三者の褒め言葉は、どんな時でも一番効き目があるのよ。忘れないでね。いつかきっと役に立つわ」に由来する。

なぜクチコミは参考にされるのか

商品を宣伝するのにクチコミを活用するというのは、多くの人が効果を認めるメジャーな手法だ。しかしなぜクチコミは効果的なのだろう。これは情報を発信している人の利害が大きく関係する。

とある飲食店で「うちのお店は美味しいですよ」と言われたら否定はしないまでも鵜呑みにはしないだろう。これが食通の友達に「こないだあのお店に行ったらすごく美味しかったよ」と聞かされたら、より信頼性のある情報として受け取るだろう。

しかし、もしその友人にお店紹介でインセンティブが入ると知ったらどうだろう。その情報の信頼度は途端に落ちるはずだ。

つまり「その商品やサービスを褒める（けなす）ことで特に得をしない人の声」が、一番信頼される情報として届くのだ。

クチコミの正しい活用法とは

前述の通り、クチコミはただあればいいというわけではない。しかも手法としてあまりに浸透しているので、信憑性の度合いによって「自作自演では?」「いいクチコミだけ切り取っているのではないか?」などと疑いを持つユーザーも少なくない。

ポイントとしては、いかにその商品を褒めることに得のない人の情報をリアルに伝えるかということになる。フリー素材の人物をお客様に見えるようにデザインしたりするのは当然NGだ。また、商品の特長をあからさまにPRしているように読めるクチコミは、それが本物のクチコミであったとしても、お客様の声として掲載するのは避けた方がいいかもしれない。

ウィンザー公爵夫人って?

ウィンザー効果の由来と言われるウィンザー公爵夫人は、本名をウォリス・シンプソンといい、アメリカ生まれの社交界人としてウィットに富んだ会話術で人気を集めた女性。1916年に結婚するが後に離婚、1928年に船舶仲介会社社長のアーネスト・シンプソンと再婚。ロンドンに移り社交界の花形になる。そこでイギリス皇太子エドワードと恋に落ち不倫関係に。結婚が許されない状況の皇太子は、エドワード8世として一度は王位を継承するもののウォリスと結婚するために退位を宣言。その結果、エドワードの弟ジョージ6世（エリザベス女王の父）に王位が継承された。

+ >> **クチコミは利害関係のない第三者の声だからこそ、効果がある**

+ >> **クチコミにインセンティブを与えたり、お金を払って集めると信頼度は落ちる**

+ >> **ユーザーが疑いを持つようなわざとらしいクチコミの演出にならないように注意する**

Webサイトへの応用

クチコミの見せ方は「悪い評価も」「名前を記入させる」などリアルさがポイント

クチコミが効果を発揮する第一のポイントは数が多いこと。第二に実名（ハンドルネーム）や写真などで人格の存在を感じられること。第三に悪い評価も載せてあることだ。ハガキなどで集めたものなら実物の画像なども見せられるとなおよい。またひと目で平均点などが分かるレーティングなども効果的だ。

さらに Amazon などはクチコミに対しても「参考になった」「参考にならなかった」という形でさらに第三者が評価できるのもポイント。

これから購入する人と同じ立場の顧客に語ってもらおう

特徴が写真などでは見えないサービスなどは実際に利用した「お客様の声」が効果的だ。例えば、オンラインサービス会員の利用体験や、クルマの試乗結果を愛用者にインタビューするといった企画は効果的だろう。

この場合は、「準拠集団」（P.90）を意識しながら代表となる顧客の年代・属性なども考慮したい。

デザインに活かす三箇条

- ◉ 〉〉 生の声を届けることが重要。クチコミ風デザインで終わらないように。
- ◉ 〉〉 素材の人物写真は注意。作り込まれた写真は逆効果の場合も。
- ◉ 〉〉 利害関係のない人の意見であればクチコミ形式にこだわらなくてもOK。

ストーリーテリング
ユーザーの心に響く情報の伝え方

KEY WORD

ストーリーテリング／Storytelling

物語を話すこと。伝えたい情報を関連した印象的な体験談やエピソードに交えて伝える手法。単に情報として伝達するより相手の記憶に残りやすく、得られる理解や共感が深い特徴がある。近年になって、成功するプレゼンテーションの手法や、説得力を増す説明方法の手法として注目されてきている。

物語にのせると人の気持ちに届く

実験データやグラフを見て感動して涙を流したという人はいないだろう。もしいるとすれば、そこに至る苦労や努力を想起してのことに違いない。

例えば、会社の業績を伝えるのに「今期の売上は〇〇億円でした」と端的に伝える前に、いかに難しい市況であったのか、その裏で努力をした社員がいたこと、訪れたピンチをどう乗り越えたかをいかに伝えるかで、その数字の伝わり方は大きく変わる。このように物語は、人の感情を動かす力があるのだ。また、心を動かすストーリーはSNSなどでシェアされやすいので情報の広がりも期待できる。

ストーリーは必ずあるはず

そのような語るほどのエピソードは我が社にはない、うちのブランドにはない、と思う人もいるかもしれない。しかし、物語として切り取れるものは意外と身の回りにあるものだ。とある工場で衛生管理のためにやっていたことが、本人たちにとっては当たり前であって、人に言うほどのものではないと思っていたが、それをブログで書いてみたら「素晴らしい職人魂」、「この会社のものならば安心して使える」とユーザーを感動させたといった事例もある。

商品開発までの道のりやお客さんとのやりとりなど、担当者本人しか知らない話を掘り出すのも手だ。開発者や製造部門、カスタマーセンターなど幅広く関係者にヒアリングしてみるときっと物語が見つかるはずだ。

プレゼンでも活用できるストーリーテリング

BtoBビジネスでは企画や自社商品をプレゼンテーションする機会も多いだろう。この時も単に数値や情報を並べるだけでなく、全体にストーリーを持たせることで聞き手を惹きつけ記憶に残るプレゼンができる。実際に対面で話すのであれば声のトーンや抑場、表情などでもストーリーを演出できる。

ストーリーテリング型のWebデザイン

「ストーリーテリング」をWebデザインに応用したテクニック。縦長の1ページをスクロールしながら見せいくことで、起承転結を含めたストーリー展開で顧客にUX体験をさせてコンバージョンに導く。

DIGEST

＋〉〉　**物語調で物事を伝えることをストーリーテリングという**

＋〉〉　**物語の力は、人に耳を傾けさせ、話の伝わりかたを大きく変えることができる**

＋〉〉　**物語を準備するには、社内のエピソードなどを活用するなどヒアリングをしてみよう**

Webサイトへの応用

— ## ケーススタディには必ず「人」を登場させる

リフォーム事例紹介

神奈川県　H様
ご自宅

築10年／戸建
キッチンフルリフォーム
価格：約650万円

築二十年を越える戸建にお住いのH様。水まわりの設備の老朽化や、内装デザインの暗さと古さに不満をお持ちでした。思いきって白を基調にした内容に全面リフォーム。棚板やアイランドテーブル側面はもちろん、リビングとの仕切り扉にも白木を利用しています。清潔感と明るさのある爽やかなキッチンに生まれ変わりました。

ケーススタディをWebに掲載する例は多い。例えばリフォーム会社なら、どのような顧客がどういう要望をもって依頼されたのか、実現に対するハードルやどのように実現したのかなどをストーリー仕立てにしてみよう。また、実際に購入者の感想を載せることで、品質だけでなく仕事に対する姿勢なども伝わる。

また、採用サイトであれば経営陣や先輩社員の顔を見せてあげるといったこともいいだろう。人の心を動かすにはやはり人の登場が必要だ。

— ## ストーリーはある程度「ベタな展開」の方が分かりやすい

「朝、登校すると、靴箱に手紙が入っていて、体育館裏に呼び出された」と聞けば、使い古された感はあるが何か恋愛のストーリーを想起するだろう。

このようにベタな展開はユーザーの理解も早く、それにまつわる感情が呼び出されるのでストーリーテリングを活用するには効果的だ。

— ## デザインに活かす三箇条

- ◉ 〉〉 **情報は物語にのせて伝えると感情を動かし記憶に残る。**
- ◉ 〉〉 **物語には人は不可欠。感情移入できる登場人物を用意する。**
- ◉ 〉〉 **ストーリーは意外と埋もれがち。身近なところから掘り起こそう。**

プロスペクト理論
期間限定に心惹かれてしまう理由

KEY WORD

プロスペクト理論／Prospect Theory

「ピーク・エンドの法則」（P.142）を提唱したダニエル・カーネマンとエイモス・トベルスキーによって1979年に理論化された。目の前に利益があると、利益が手に入らないリスクの回避を優先し、損失を目の前にすると、損失を回避しようとする、不確実性下における意思決定モデル。プロスペクトとは英語で「見込み」の意。

同じ期待値でも、揺れる判断

(1) 100万円が無条件で手に入る

(2) コインを投げ、表が出たら200万円が手に入るが、裏が出たら何も手に入らない

この選択を迫られた場合にどちらを選ぶだろうか？「100%で100万円が手に入る」と「50%で200万円が手に入る」なのでどちらも期待値は100万円だ。しかし多くの人が（1）を選ぶのだ。これは金額ではなく得られる利益を逃したくないという思いが強いためだ。

今度は200万円の借金があったとする。

(1) 無条件で負債が100万円減額され、負債総額が100万円となる

(2) コインを投げ、表が出たら支払いが全額免除されるが、裏が出たら負債総額は変わらない

この場合は（2）が選択されやすい。これはリスクを取ってでも200万円という負債を失くしたいという思いが優先されるのだ。

ギャンブルにハマるケースはこの顕著な例と言える。最初は利益優先で少額でも確率の高い勝負をする。しかし負けが続き負債が増えてくると負債を無くしたいという思いからリスクが高くてもリターンの多い勝負をかけてしまうのだ。

プロスペクト理論をWebマーケティングに活用するのであれば、期間限定キャンペーンなどが有効だろう。割引や特典が得られる機会を逃したくないと考え、期間中に購入しなくてはという思いが働くのだ。

カーネマンの功績

ダニエル・カーネマン（1934-）は、「行動経済学」（behavioral economics）と呼ばれるジャンルを作り出した功労者で、アメリカの心理学者、行動経済学者。長年の共同研究者にエイモス・トベルスキー（1937-1996）がいた。行動経済学では、従来の経済を考える基本とされてきた経済人（ホモ・エコノミクス）を前提とせずに、人間の心理のありようや認知バイアスに即して分析を行う。

DIGEST

+ >> 不確実な状況下で損失を回避しようとする人間の意思決定モデルが存在する

+ >> プロスペクト理論では、利益の獲得に比べ損失のリスクを重要視することが分かる

+ >> 利益の「獲得チャンス」の喪失や「損失」のリスクに強く反応する

Webサイトへの応用

── チャンスをアピールし「利益」を得るチャンスを失わないように働きかけよう

これは利益を逃したくないパターンだ。自分が当たったに少額の買い物ではあまり得がないのでどうせ必要なものはこのタイミングで買っておこうと考える。販売側にとっても当選者の購入額で上下はあるが100人に1人無料なら理論上は全員1%割引と同じなので、実は見た目のインパクトに比べて投資が少ないというメリットもある。

── 権利やポイントは、有効期限を設けて「損失」を強調しよう

こちらは損失を回避したいというパターンだ。みすみすポイントを失ってしまうなら、使っておこうという心理が働く。

ただ、放っておけば期限に気づかない人も多いのでメールなどでの通知が必要だ。あわせてポイントで買えそうな商品や購入履歴のある消耗品などをレコメンドするとさらに効果的だろう。

── デザインに活かす三箇条

- ◉ 〉〉 手に入りそうな利益はその大きさより確実性重視。
- ◉ 〉〉 損失はリスクを負ってでも回避したい（取り返したい）と考える。
- ◉ 〉〉 キャンペーンの設計に活用しよう。

目標勾配仮説
ゴールが見えるとやる気が加速する

67

目標勾配仮説／ Goal Gradient Hypothesis

ゴールに近づくほどモチベーションが上がり積極的に行動するという傾向。心理学者のクラーク・ハルがゴールに餌をおいた迷路でネズミを走らせ、ゴールに近づくほどネズミは速く走ることを発見した。これをラン・キベツが人間でも同様の傾向が見られるかを実験し同様の効果が見られた。

貯めたくなるスタンプカードの秘密

ショップのスタンプカードをもらった経験は誰しもあるだろう。この時に、貯めようかなと思うカードと、貯める気がおきないカードがあると感じたことはあるだろうか。ひんぱんに訪れる店であったとしても、ゴールまでの距離の設定の仕方で、貯めたいと思う気持ちは大きく変わるのだ。

では、以下のスタンプカードをもらったら、どれが一番貯めてみたいと思えるだろうか。

新行動主義心理学

「目標勾配」を唱えたアメリカの心理学者クラーク・ハル（1884-1952）は、20世紀中盤の心理学に大きな影響力を及ぼした学者のひとり。行動主義心理学に改良を加えた新行動主義の中心人物で、特に、数理モデルによってプロセスを説明しようとしたことで有名だ。

(1) スタンプ10個貯めたら 500円引き

STAMP CARD				
1	2	3	4	5
6	7	8	9	10

(2) スタンプ12個貯めると500円引き すでにスタンプが2個押してある

STAMP CARD					
☕	☕	3	4	5	6
7	8	9	10	11	12

(3) スタンプ30個貯めたら 1500円引き

STAMP CARD								
1	2	3	4	5	6	7	8	9
10	11	12	13	14	15	16	17	18
19	20	21	22	23	24	25	26	27
28	29	30	31	32	33	34	35	36

(1) と (2) は割引までに必要なスタンプの数は同じ、またどれもスタンプ1個あたりの期待値は同じだ。しかし、この場合最も積極的にスタンプを集められるのは (2) のケースになる。

これはゴールへの距離が関係する。12段階あるので10段階と残りの数は同じなのに、最初の2段階はお店の助けを得て進んでいることで、(2) の方が (1) よりゴールが近いと感じるためだ。またゴールに近づくほど来店頻度が増えるなど目標達成へのモチベーションはアップする。

＋〉〉 **目標達成に近づくほどやる気が増して、達成に近づくスピードがアップする行動原理**

＋〉〉 **達成のためにちょっとした助けを与えるなど働きかけによって、よりやる気が増す**

＋〉〉 **モチベーションをアップさせるには、手に届きそうなゴールを見せることが必要**

Webサイトへの応用

ランク制度の設計に活用する

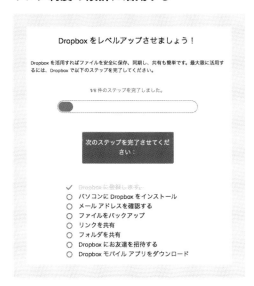

チュートリアルのタスクをクリアしていく方式にし、場合によっては完遂のためのインセンティブも用意されている。使うために必須・かつ簡単なタスクからはじまるので、いくつかのタスクはすぐにクリアできる。そこにサービスの特徴をより体験させるものや友人への拡散などのタスクも含めることでコンプリートしたいという気持ちから多少ハードルの高いタスクも実行してもらえる可能性が高くなる。

図は、Dropbox に登録した直後に届くステップメール。

ゴールが間近にあるように見せる仕掛けをしてみよう

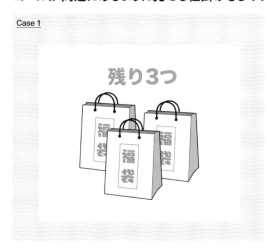

どちらも状況は一緒だ。Case 1 の場合も稀少性の原理（P.140）で早く買わないとという気になるが、Case 2 のようにすると、目標勾配の効果を発揮できる。この場合は「売上数新記録挑戦」など、ユーザーを巻き込んでゴールを目指すような演出をするとよい。

デザインに活かす三箇条

◉ 〉〉 **大きな目標は分解して小さなゴールを設定しよう。**

◉ 〉〉 **ゴールへの進み具合を可視化することでお客様のやる気アップ。**

◉ 〉〉 **ゴールに近づいたらこまめにコミュニケーションをとろう。**

多用は厳禁? 禁断の交渉術

ユーザーの心理を上手くついてこちらの要望を叶えたり、相手の懐に入り込める交渉術をいくつか紹介したい。

1.ローボール・テクニック

これは特典除去法・承諾先取要請法とも呼ばれるとおり、最初に承諾しやすい条件を提示して、承諾後に条件を追加する。または最初に提示していた特典などを承諾後に無しにするという手法だ。

例えば、「商品モニターに参加してほしい」と要請し、承諾を得た後でモニターの所要時間は「8時間かかる」「朝6時に集合」という条件を知らせる。これであれば、最初から「朝6時集合で8時間かかる商品モニターに参加してほしい」というのと比べ大幅に承諾を得られやすくなる。

そのような後出しの条件が嫌なら断ればいいと思うかもしれないが、一貫性の原理と言われる人間の心理的な特性上、一度承諾したものを覆すことに後ろめたさを感じ、受け入れてしまう傾向があるのだ。

2.フット・イン・ザ・ドア

訪問営業のセールスマンが足をドアに入れたら成約まで持っていけるということで名付けられた。先に簡単な頼みごとを承諾してもらうと、大きな頼みごともその次に承諾してもらいやすくなる心理を利用している。例えば、いきなり募金を頼むのではなく、嘆願などへの署名を頼む。承諾してもらったら今度は募金も頼むといった具合だ。これも一貫性の原理により一度承諾したためにできる範囲のことなら断らないようにしたいという心理が働くことによる。

3.ドア・イン・ザ・フェイス

譲歩的要請法とも言われており、少し無理めな依頼から入り、断られたら徐々にハードルを下げていくことで承諾されやすくなるというもの。依頼された側は何度か断ると罪悪感から自分ができる範囲のことであれば対応してあげようという心理が働く。

これは本来の目的より少し難しい要請から入るのがポイントとなる。例えば帰ろうとしている同僚にちょっと仕事を手伝ってもらいたいのであれば、

「明日休日出勤してもらえませんか?」→「終電まで残業できませんか?」→「30分だけ仕事手伝ってもらえませんか?」

という具合に要望を下げていくことで受け入れられやすくする。

これらの手段は交渉術としては常套手段だが、ユーザーに騙された、断りきれなかったという心証を持たれてしまうと長い目で見た時にはマイナスな要素になってしまうのでマーケティングへの活用する際には十分に配慮した上で使おう。

参考文献

D. A. ノーマン『誰のためのデザイン?　増補・改訂版』(2015) 新曜社

Susan Weinschenk『インタフェースデザインの心理学』(2012) オライリージャパン

Susan Weinschenk『続・インタフェースデザインの心理学』(2016) オライリージャパン

Jeff Johnson『UI デザインの心理学』(2015) インプレス

Jenifer Tidwell『デザイニング・インターフェース 第 2 版』(2011) オライリージャパン

川島康平『お客をつかむウェブ心理学』(2008) 同文館出版

鹿取廣人, 杉本敏夫, 鳥居修晃　編『心理学 第 5 版』(2017) 東京大学出版会

友野典男『行動経済学』(2006) 光文社新書

リチャード・セイラー, キャス・サンスティーン『実践 行動経済学』(2009) 日経 BP 社

北岡明佳『現代を読み解く心理学』(2005) 丸善出版

無藤隆, 池上知子, 福丸由佳, 森敏昭 編『よくわかる心理学』ミ (2009) ミネルヴァ書房

マッテオ・モッテルリーニ『世界は感情で動く』(2009) 紀伊國屋書店

田村修『いちばんやさしいデジタルマーケティングの教本』(2017) インプレス

守口剛, 竹村和久 編著『消費者行動論』(2012) 八千代出版

中島義明他 編『心理学辞典』(1999) 有斐閣

おわりに

本書を最後までお読みいただきありがとうございました。

2018年にこの本を発行し、さまざまな感想と共に、Web業界で働く人たちの悩みや課題も聞く機会が増えました。

世界ではじめてインターネット通信が行われたのは今から54年前ほど前で、みなさんの生活の中でインターネットが使われるようになってからはまだ数十年の世界です。はじめて印刷が行われたのは500年以上前ですから、まだまだ歴史の浅い世界と言えるでしょう。

なので、さまざまな点においてまだまだ確立していないことが多々あり、そのような中でも技術が猛スピードで進歩していくので、そういった環境の中でモノづくりをしていくことに難しさを感じている方も多いようです。

Webサイトを作ることにおいては何か資格がないとできないわけでもありませんし、どこかの審査や許認可を得ないとWebサイトが公開できないわけではありません。

しかし、裏を返せば先人の経験により積み上がったノウハウや指針がないとも言えます。

そういった状況下で人間の心理に基づいて考えるということはひとつの拠り所となり得ると思います。もちろんすべてが仮説通りにいくわけではないですが、拠り所を持って仮説を立てていると、失敗した場合にも改善の糸口が見つかりやすくなります。

これからも技術は進歩していくでしょうし、今はまだその形を想像すらできないデバイスが誕生したり、新たな体験ができるようになっていくでしょう。

長い目で見たらWebの世界もまだまだ創世記です。そのような時代にWebの世界に身をおいたのだから、これから起きるさまざまな進化や変化を楽しみながら、礎の一部でも作っていけたら良いなと個人的には思っています。

2023年12月

著者

制作スタッフ

装丁・カバーイラスト	浜名信次（Beach）
本文デザイン	原田光丞
本文作例・イラスト制作	瀧上園枝（cyan）
編集協力・DTP	園田省吾（AIRE Design）

編集長	後藤憲司
担当編集	泉岡由紀

［買わせる］の心理学
消費者の心を動かすデザインのしくみ67【改訂新版】

2023年12月11日　初版第1刷発行

著者	中村和正
発行人	山口康夫
発行	株式会社エムディエヌコーポレーション 〒101-0051　東京都千代田区神田神保町一丁目105番地 https://books.MdN.co.jp/
発売	株式会社インプレス 〒101-0051　東京都千代田区神田神保町一丁目105番地
印刷・製本	中央精版印刷株式会社

Printed in Japan

カスタマーセンター

造本には万全を期しておりますが、万一、落丁・乱丁などがございましたら、
送料小社負担にてお取り替えいたします。お手数ですが、カスタマーセンターまでご返送ください。

［落丁・乱丁本などのご返送先］
〒101-0051　東京都千代田区神田神保町一丁目105番地
株式会社エムディエヌコーポレーション カスタマーセンター
TEL：03-4334-2915

［書店・販売店のご注文受付］
株式会社インプレス　受注センター
TEL：048-449-8040 ／ FAX：048-449-8041

［内容に関するお問い合わせ先］
株式会社エムディエヌコーポレーション カスタマーセンター メール窓口
info@MdN.co.jp

本書の内容に関するご質問は、Eメールのみの受付となります。メールの件名は「［買わせる］の心理学【改訂新版】質問係」とお書き下さい。電話やFAX、郵便でのご質問にはお答えできません。ご質問の内容によりましては、しばらくお時間をいただく場合がございます。また、本書の範囲を超えるご質問に関しましてはお答えいたしかねますので、あらかじめご了承ください。

ISBN978-4-295-20605-7　C2034